U0608148

•经济管理学术文库•

我国资本市场研究

Capital Market Research in China

邵国华 / 著

经济管理出版社
ECONOMY & MANAGEMENT PUBLISHING HOUSE

图书在版编目（CIP）数据

我国资本市场研究/邵国华著.—北京：经济管理出版社，2010.12

ISBN 978-7-5096-1197-5

Ⅰ.①我…　Ⅱ.①邵…　Ⅲ.①资本市场—研究—中国　Ⅳ.①F825.5

中国版本图书馆 CIP 数据核字（2010）第 245482 号

出版发行：*经济管理出版社*

北京市海淀区北蜂窝 8 号中雅大厦 11 层

电话：（010）51915602　　邮编：100038

印刷：北京晨旭印刷厂　　　　　经销：新华书店

组稿编辑：宋　娜　　　　　　责任编辑：宋　娜

技术编辑：黄　铄　　　　　　责任校对：蒋　方

720mm×1000mm/16　　　　9.5 印张　　185 千字

2011 年 5 月第 1 版　　　　2011 年 5 月第 1 次印刷

定价：38.00 元

书号：ISBN 978-7-5096-1197-5

·版权所有　翻印必究·

凡购本社图书，如有印装错误，由本社读者服务部

负责调换。联系地址：北京阜外月坛北小街2号

电话：（010）68022974　　邮编：100836

序 言

　　改革开放以来，我国资本市场经过 30 年的孕育和培植，从无到有，从小到大，从区域到全国，得到了飞速发展，在很多方面走过了一些发达市场经济国家几十年，甚至上百年走过的历程。在政府和各方面力量的共同推动下，我国资本市场规模不断壮大，制度不断完善，证券服务机构和投资者不断成熟，已成为我国经济快速发展的助推器和可持续发展的保障。

　　30 年来，我国资本市场在募集资金、国有企业改革等方面发挥了巨大作用，但在价值发现、资源配置、分散风险、财富效应与投资效应等方面的作用并不明显。

　　从外部环境来说，在 2008 年美国次贷危机引爆的国际金融危机阴霾尚未散去和世界经济增长放缓的形势下，我国经济的持续、快速、健康发展面临着严峻的考验和挑战。作为具有国民经济"晴雨表"之称的资本市场能否充分发挥其功能将关系到国民经济能否平稳健康运行，而资本市场整体的功能绩效又与其结构中各子市场的功能绩效息息相关。

　　近些年来，国内理论界虽然出版了不少有关资本市场的论著，但绝大多数都是着重于描述和介绍西方的证券市场；或者是着重于投资技巧、市场操作的论述。正如张亦春教授所言："有些号称金融市场理论方面的书甚至通篇都是股票交易的过程和方法，而缺少对金融市场理论的形成、演变和发展的理论研究。"理论的缺乏必然给实践带来诸多问题。例如，政策制定者及市场监管者不能够从宏观经济全局的角度来认识资本市场的重要性，不能够很好地把握资本市场与国民经济其他部门的关系，因而在制定政策和对资本市场进行监督管理时，难以做出对国民经济和资本市场长远发展的决定。由此，从系统全局的视角探讨我国资本市场的功能、结构、绩效及结构优化问题，对防范我国金融风险、促进我国资本市场健康发展和保障我国经济平稳增长，具有重要的理论和实践意义。

邵国华同志撰写的《我国资本市场研究》，对我国资本市场的功能、结构、绩效及完善对策进行了积极的研究和探索。该书首先系统分析了我国资本市场的功能、结构特点和发展现状，以及国内外关于资本市场功能绩效评价的主要相关理论以及研究范畴的界定。其次，运用资本市场功能绩效评价的理论和技术对我国资本市场结构的绩效进行了实证分析。例如，运用 C－D 函数模型对我国资本市场结构中主要子市场股票市场、债券市场和基金市场与 GDP 进行总体综合回归分析，得出我国债券市场与经济增长呈强相关性，股票市场、基金市场与经济增长呈弱相关性，两者在经济增长中没有发挥应有的作用。同时，采用 AK 模型对各子市场促进经济增长功能绩效进行了各自的实证分析，得出的结论与前述总体分析一致。由此可知，书中采用的检验方法是可行的，结论是可信的。最后，作者根据对影响我国资本市场结构的功能绩效因素进行了较全面、深刻的分析，并借鉴国际成熟资本市场的经验，结合我国国情，对完善我国资本市场的结构和提高其绩效提出了有益的建议。

总之，对我国资本市场的功能、结构、绩效及完善对策探讨，将是我国资本市场研究领域的永恒主题。该书是作者在其博士后研究报告和正在承担的国家社科基金项目研究的基础上创作而成的，理论分析与实证研究紧密结合，较系统地研究了我国资本市场功能、结构、绩效问题，虽然该著作存在有待进一步完善的地方，但我相信本书的出版会对该领域的研究和实践起到积极推动作用。

2011 年 4 月

目　录

第一章 导 论

第一节 研究背景

顺应 20 世纪 70 年代末的中国经济改革大潮，我国资本市场经过了 30 多年的孕育和培植，从无到有，从小到大，从区域到全国，得到了飞速发展，在很多方面走过了一些发达市场经济国家几十年，甚至上百年走过的历程。在我国政府和各方面力量的共同推动下，我国资本市场的规模不断壮大，制度不断完善，证券服务机构和投资者不断成熟，已成为我国经济快速发展的助推器和可持续发展的保障。

30 多年来，我国资本市场在募集资金、国企改革、增加国民投资渠道等方面发挥了巨大作用，但在价值发现、资源配置、分散风险、财富效应与投资效应等方面的作用并不明显。其具体表现在以下几方面：①"晴雨表"功能缺失。证券价格背离内在价值，证券市场走势与宏观经济运行之间的关联性不强。②投资功能缺失。其表现是证券投资收益不呈"正态分布"，大部分投资者不能获得平均的期望利润，并且收益和风险不对称，投资者不能获得相应的"风险溢价"。③公司治理功能缺失。资本市场对上市公司和其他证券机构缺乏应有的约束功能，上市公司偏好"股权融资"，企业法人总是最大限度地扩大企业规模，他们并不在乎投资与收益的关系，甚至在项目的净现值小于零的情况下也进行投资。④投机现象严重。投资者大都不关心来自上市公司的红利分配，偏好"股权分红"，希望从中获得超常的资本得利，当投资者预期一旦得不到实现，股票价格就大幅度波动。⑤融资功能过度发挥，但无投资效应。资本市场的投资效应应指其证券价格高于价值时的投资动机，而我国上市公司和基金公司等在任何时候都具有投资冲动，资本市场的投资效应得不到体现。⑥证券市场的价格不遵循"随机游走"规律，或者说市场往往被操纵。其表现是某些投资者凭借资本、信息优势可以操纵市场，能够以较低的风险获得较高的收益；但大部分投资者却要承担较高的市场风险。

从外部环境来说，在2008年美国次贷危机引爆的国际金融危机阴霾尚未散去和世界经济增长放缓的形势下，我国经济的持续、快速、健康发展面临着严峻的考验和挑战。作为具有国民经济"晴雨表"之称的资本市场能否充分发挥其功能将关系到国民经济能否平稳、健康运行，而资本市场整体的功能绩效又与其结构中各子市场的功能绩效息息相关。

近些年来，国内理论界虽然出版了不少有关资本市场的论著，但绝大多数都是着重于描述和介绍西方的证券市场；或者是着重于投资技巧、市场操作的论述。正如张亦春教授所言："有些号称金融市场理论方面的书甚至通篇都是股票交易的过程和方法，而缺少对金融市场理论的形成、演变和发展的理论研究。"理论的缺乏必然给实践带来诸多问题。例如，政策制定者及市场监管者不能够从宏观经济全局的角度来认识资本市场的重要性，不能够很好地把握资本市场与国民经济其他部门的关系，因而在制定政策和对资本市场进行监督管理时经常是头痛医头、脚痛医脚，顾此失彼，缺乏长远考虑，有时甚至迫于民情舆论乃至屈从利益集团的压力，做出对国民经济和资本市场长远发展不利的决定。由此，本书依据产业组织理论的经典分析框架——SCP（Structure - Conduct - Performance）分析范式，从系统全局的视角探讨我国资本市场的功能、结构、绩效及结构优化问题。笔者希冀本书一方面能对我国资本市场理论发展和完善进行有益探讨，另一方面能为我国防范金融风险、促进资本市场健康发展和保障经济平稳增长提供理论参考和实践指导。

第二节　文献综述

国内外从宏观层面对资本市场结构的功能绩效进行综合研究不

多，对资本结构和资本市场研究的文献比较多，却相当零散，而且对资本市场的认识也存在较大差异。资本市场相关研究和文献主要可分为以下三类：一是信息经济学与资本市场理论，主要分析各经济主体利用经济信息进行的决策行为；二是现代公司资本结构理论，主要研究如何通过优化企业的资本结构来完善企业的治理结构，提高企业的经营绩效，为资本市场的发展和创新提供动力；三是风险/收益与资本资产定价模型，主要研究资本市场投资活动中的风险与收益问题以及投资者对风险与收益进行分析与评估的各种方法。

一、国外相关研究述评

1. 关于储蓄向投资转化的效率学说

马克思认为资本是能够带来剩余价值的价值；庞巴维克在《资本实证论》中认为资本是能够带来利息的本钱；威廉·配第（1676）在《政治算术》中把资本视同流通中的所有货币；亚当·斯密（1776）在《国民财富的性质和原因的研究》中用"积蓄"和"资本"来解释资本的含义；萨伊（1803）在《政治经济学概论》中将资本定义为产业装备的物品和价值；而马尔萨斯在《政治经济学原理》中认为资本是积累的财富中用来在未来财富的生产与分配中获取利润的部分。这些不同的论述，总的来说可以归为三类：一是将资本当做一种生产要素的物质形态来研究的技术概念；二是当做一种生产要素的价值形态来研究的金融概念；三是当做一种社会关系来研究的政治概念。

一般来说，资本的形成效率对经济效率会产生直接影响。这种影响具体体现在两方面，即资本的集合作用和资本对经济活动内在的效率要求。第一，社会经济发展是各种资源与技术综合作用的结果，在此过程中，资本作为纽带，将各种生产要素集合到一起，是生产结合的媒介；第二，资本的拥有者追求利润最大化的动机演变成在资本运用过程中的效率要求。从这些角度上看，只要资本形成效率高，一般就能带来经济的高增长和高效益。

关于增加资本的意义，马克思曾指出："生产逐年扩大是由于两个原因：第一，由于投入生产的资本不断扩大；第二，由于使用的效率不断提高。"① 资本的追加投入和生产效率提高本质上是

① 《马克思恩格斯全集》第2卷，人民出版社，1973年版，第598页。

一样的，即依靠增加劳动量来增加社会财富，提高生产效率是用较少的劳动获得较多的财富，实际上是另一种增加劳动投入的方式。

哈罗德—多马模型是现代经济增长理论中一个颇有影响的模型，该模型极力强调了资本对于经济增长的意义。在模型 $G = S/K$ 中，由于资本产出比率 K 假定为固定不变，因而经济增长率 G 就唯一受制于储蓄 S，而在储蓄全部转化为投资的模型假设条件下，储蓄率等于投资率，从而也就等于资本形成率。

在发展经济中，早期的经济学家们都强调资本对发展中国家的重要性，并指出：发展中国家往往由于两个循环导致这些国家的"贫困恶性循环"，一个循环是低下的收入形成低下的资本形成率；另一个循环是低下的人均收入导致购买力不足，在资本需求方面制约资本增长。因此，资本不足是经济发展的"瓶颈"，并且他们强调资本形成是经济落后国家的中心问题。

罗斯托（1988）在《从起飞进入持续增长的经济学》一书中提出：一个国家的经济起飞必须具备的一个最重要的条件，即将净投资率提高到10%以上。他认为如果将净投资率保持在10%以上，与经济起飞是同义词。

刘易斯在其二元经济理论中指出，落后国家的经济发展过程就是一个将农村剩余劳动力向城市部门不断转移的过程。而城市要不断吸收剩余劳动力，自身就要不断扩张，客观要求其不断增加资本投入。储蓄是资本形成的物质基础，而投资是使储蓄资源实际转变为社会资本的存量。[①] 刘易斯在《经济增长理论》中指出："辛勤劳动与资本形成是经济增长的一个绝妙公式，没有辛勤劳动的资本形成也会产生巨大的增长，而没有资本形成的辛勤劳动对发展做出的贡献则微不足道。"

对于发达国家而言，资本形成对经济增长的重要性是间接体现的。在这方面，丹尼森、西蒙·库兹涅茨以不同的分析方法得出了相类似的结论：资本形成不再是经济增长的主要源泉，知识进步才是经济增长最大的和最基本的原因。丹尼森[②]根据其首创的多因素分析法，以1929～1960年美国经济增长为样本，测算各种因素的贡献率。其结论是：劳动投入的贡献率是38.7%，知识进步

---

① 齐良书：《发展经济学》，中国发展出版社，2002年版。

② ［美］丹尼森：《美国经济增长的原因（1929～1960）》，布鲁金斯研究所，1974年版。

的贡献率是27%，而资本存量的扩大只有14.7%，而且知识因素的权重有进一步提高的趋势。但金融对技术的进步作用是不可低估的。发达国家通过创业风险投资机制的形成，为知识和技术创新及其转化营造了一个良好的外部环境。新知识、新技术与金融的结合极大地激发了创新浪潮，金融成为创新不可或缺的重要条件。所以，金融对于经济增长的贡献相当一部分是间接体现的。

2. 金融结构和功能学说

格利和肖（1960）从专业化和劳动分工的角度考察了金融在经济中的作用。[①] 他们认为：①货币的出现促进了生产—消费过程中的分工。以货币为媒介的交易替代物物交换的过程在技术上称为"货币化"。货币的出现所导致的间接交换，消除了物物交换在时间和空间上的限制，扩大了市场的范围，从而有利于经济增长。②债务、金融资产和金融机构的出现促进了储蓄—投资过程中的分工。根据收入—产出账户上经济单位（或部门）的收支情况，可以把整个经济划分为盈余单位（或部门）、平衡单位（或部门）和赤字单位（或部门）。在整个储蓄—投资过程中，盈余单位是储蓄者，赤字单位是投资者，而金融的作用就是把储蓄者的储蓄转化为投资者的投资，从而提高全社会的生产性投资水平。另外，在实际生产中，由于投资的不可分性，投资者仅仅依靠自我融资往往无法进行投资，即一次性的大量投资超出了单个经济单位的资金能力。它还必须依靠外部融资，即只有通过调动其他盈余单位的储蓄才能进行投资，而这有赖于金融中介。格利和肖的另一突出贡献是区分了"内部货币"（Inside Money）和"外部货币"（Outside Money）。在政府购买商品和劳务时或在进行转移支付时发行的货币称为"外部货币"，因为对私人部门来说，它是外部债务，即私人部门外部（即政府）的债务。在政府购买私人证券时发行的货币称为"内部货币"，因为对私人部门来说，它是内部债务，即私人部门内部的债务。简而言之，外部货币是私人部门的债权，内部货币同时是私人部门的债权和债务。在现代经济中，大部分货币是内部货币。

帕特里克（1966）在其发表的《欠发达国家的金融发展与经

---

① ［美］格利、肖著：《金融理论中的货币》，贝多广译，上海三联书店、上海人民出版社，1988年版。

济增长》一文中指出，在金融发展和经济增长的关系上，有两种研究方法：一是"需求追随"（Demand - Following）方法，它强调的是金融服务的需求一方，随着经济的增长经济主体会产生对金融服务的需求，作为对这种需求的反应，金融体系不断发展。也就是说，经济主体对金融服务的需求，导致了金融机构、金融资产与负债和相关金融服务的产生。二是"供给领先"（Supply - Leading）方法，它强调的是金融服务的供给一方，金融机构、金融资产与负债和相关金融服务的供给先于需求。鉴于理论界对后一种方法的相对忽视，帕特里克认为应该把这两种方法结合起来，并且指出，在实践中需求追随现象和供给之间存在着一个最优顺序问题，即在经济发展的早期阶段，供给领先型金融居主导地位，而随着经济的发展，需求追随型金融逐渐居主导地位；不仅如此，最优顺序问题也可能在部门内和部门间存在。接下来，帕特里克着重考察了金融发展和经济增长的关系。他的出发点或参考点是金融资产与负债存量和实际产出之间有着很强的正相关关系。帕特里克指出，金融体系对资本存量的影响体现在三个方面：①提高了既定数量的有形财富或资本的配置效率，因为金融中介促使其所有权和构成发生变化。②提高了新资本的配置效率，因为金融中介促使新资本从生产性较低的用途转向生产性较高的用途。③加快了资本积累的速度，因为金融中介促使人们更加愿意储蓄、投资和工作。

希克斯[①]考察了金融对工业革命的刺激作用。他认为，工业革命不是技术创新的结果，或者至少可以说，不是技术创新的直接结果，因为工业革命早期使用的技术创新大多发生在工业革命之前。相反，新技术的应用需要大量的投资于特定项目和高非流动性的长期资本。在缺乏金融市场的情况下，这是办不到的。这样，技术创新本身不足以刺激增长；新技术的应用还需要流动性强的资本市场的存在。所以，工业革命只有在金融革命发生（即 18 世纪上半叶英国金融市场的飞速发展）之后，才有可能发生。

戈德·史密斯在 1969 年出版的《金融结构与金融发展》一书中，用长达百余年、多达数十个国家的统计资料，对金融结构与金融发展做了横向的国际比较和纵向的历史比较，以揭示出金融

---

① ［英］约翰·希克斯著：《价值与资本》，薛蕃康译，商务印书馆，1983 年版。

发展过程中的一般规律。在戈德·史密斯看来，"金融理论的职责就在于找出决定一国金融结构、金融工具存量和金融交易流量的主要经济因素，并阐明这些因素怎样通过相互作用而促成经济发展"。但"比较研究金融的结构与发展，首先要弄清楚并描述各个国家之间或各个国家集团之间在现存金融结构或金融发展过程中存在的差异；其次还要探索和说明金融发展与经济增长之间的关系"。为此，他提出了金融结构与经济发展的概念。在他看来，所谓金融结构，即一国现存的金融工具与金融机构的形式、性质和相对规模，而金融发展则是金融结构的变化。"从金融上层结构、金融交易以及国民财富、国民产值基础结构两方面在数量规模和质量特点的变化中，我们可以看出各国金融发展的差异。"可见，研究各国金融发展的差异，要从比较各国的金融结构入手。为此，他提出了衡量一国金融结构的八个指标，其中最重要的一个指标是"金融相关比率"（FIR）。这个指标是"全部金融资产价值与全部实物资产（即国民财富）价值之比，这是衡量金融上层结构相对规模的最广义指标"。这是研究金融发展时的一个最重要指标。戈德·史密斯指出："金融相关比率的变动反映的是金融上层结构与经济基础之间在规模上的变化关系，它大概可以被视为金融发展的一个基本特点。因为在一定国民财富基础上，金融体系越发达，金融相关系数也越高，所以人们会推断出，在经济发展过程中，金融相关比率必然会逐步提高，而且可以根据金融相关比率来衡量金融发展达到何种水平。"戈德·史密斯也注意到各国金融发展存在着显著差异，但他认为这并非金融发展道路不同，而是在同一道路上分出的两条轨迹。两条轨迹之间的差异在于政府对某些金融机构的拥有及参与经营的程度不同。沿着第一条轨迹发展的国家，实际上所有的金融机构都有私人拥有和经营，只是在金融发展的后期出现中央银行和社会保险组织，典型的代表是美国。沿着第二条轨迹发展的国家，几种重要的金融机构往往由政府拥有和经营，或者全部拥有，或者部分拥有。西欧和北美以外的大多数国家都是沿着第二条轨迹发展起来的。此外，戈德·史密斯看出，金融发展与经济发展之间存在着密切的关系。然而他却未能就两者之间的因果关系得出明确的结论，他在书中写道："我们无法弄清这种联系究竟意味着什么，到底是金融因素促进了经济的发展呢？抑或金融发展是由其他因素引起的经济增长的一种反映呢？"戈德·史密斯认为："金融机构对经济增长的效用必须从总量以及储蓄与投资的分配这两个方面进行探讨。"金融中介机构是金融系统中开展业务活动的主体，其资产主要由金融工具组成。按这种标准划分，主要的金融中介机构可以划分为两类：货币发行机构和非货币发行机构。货币发行机构专门从事货币发行任务。非货币发行机构又可以进一步细分为储蓄机构、保险组织和其他各种中介机构，如融资公司、投资公司、二级金融中介机构、开发银行、投资银行、证券经纪商等。在不同的国家，不同金融机构的重要性很不相同。即使在同一个国家，在金融发展的不同阶段，金融机构在整个金融机构体系中的地位和作用也有很大的差别。戈德·史密斯的研究结论显示：金融机构的数量在每个国家的实际运行中呈现出增加的趋势；同时，发达国家的金融机构种类和规模一般比不发达国家要多一些。这一结论直观地显示出：随着经济的发展，金融系统对经济生活的渗透程度逐渐提高。他认为，金融机构的存在与发展可以有效地增加储蓄和投资总量。同时，金融机构的介入还能有效地将既定的资金分配给收益率较高的投资项目，从而使平均的投资效率得以提高。

3. 金融深化和发展学说

罗纳德·麦金农（1973）在其先后出版的《经济发展中的货币与资本》及《经济市场化的次序——向市场经济过渡时期的金融控制》两本专著中对发展中国家金融压制不利于经济发展和增长的现实提出了金融市场化或自由化的理论与政策。在麦金农看来，新古典经济增长理论的货币性分析是建立在如下假设条件上的：①资本市场是完善的，并且以低成本运行，存在一种单一的实际利率拉平所有实际资产和金融资产（货币除外）的收益。这意味着名义利率能准确地反映预期的通货膨胀。②企业具有不变的规模报酬，投入和产出是完全可分的，所有企业均可获得相同的技术，并面对市场上相同的价格。③货币的交易需求和一个为资本积累服务的、完善的、实质资本和有息凭证市场，使得货币对资本积累本身没有直接的作用。④货币只是法定的价值符号，通货和存款之间没有本质的差别。依据前面这四个假设所建立起来的货币需求函数和总生产函数公式可以推导出货币和实际资本之间的替代效应。由于这种关系，新古典理论认为：当一国资本积累明显，而政府又没有常规的手段去增加公共盈余时，政府只有增大货币发行量，通过通货膨胀来减少实际利率。这样，一方面通过公共收入的增加而增加公共投资，来提高实际资本积累；另一方面，根据替代效应，人们会减少货币持有量，增加实际资本持有量。但麦金农认为新古典经济增长理论不适合发展中国家。麦金农继承和发展了戈德·史密斯的观点，认为在发展中国家缺乏有组织的金融以及政府用以替代金融过程的手段。新古典理论的假设条件在发展中国家几乎都不成立。为此，他在对实际利率如何影响储蓄、投资和经济增长进行分析时先做出了三点假设：①所有经济单位都是自我融资，相互之间不发生借贷关系。②投资金额不可细分，投资者在投资前必须先积累较大量的资金。③政府不通过税收支出和货币发行手段来直接参与资本积累过程。假设一和假设二意味着现实经济中很多有生产条件的厂商将无力扩大投资。假设三意味着政府只能通过影响实际收益率来影响投资。基于上述假设，麦金农认为，新古典理论中的货币与资本的替代关系就不再存在了。人们想要投资，就必须积累货币。期望投资水平越高，货币的持有量也就越大。因此，货币与资本之间实际上存在着互补的关系。在这种情况下，政府就可以以提高利率持有货币的实际收益率，就能增加实际货币持有量，进而增加投资。

麦金农认为，由于发展中国家的经济往往处于割裂的状态，大量的经济单位互相隔绝，各自面对的是不同的生产要素价格、产品价格、技术条件和资本报酬率。同时，大批的小企业被排斥在有组织的资金市场之外，它们只能先通过一定时期的内部融资，才有可能进行投资。由于以实物形式进行内部积累比货币形式的成本高，所以内部积累是以货币形式进行的。这样，一定时期的货币积累是投资的先决条件，即货币"渠道"效应。麦金农把货币的实际收益率过低，甚至是负数时导致的实际货币余额过低这一现象称为"金融压制"（Financial Repression）。这种状况的出现，可能是由于其认为压低利率，也可能是因为通货膨胀造成的。因此，要使这些国家经济起飞，就必须解除金融压制，通过金融自由化（市场化取向改革）来使利率高到足以反映资本的稀缺程度，并最终消除膨胀。此外，麦金农还认为，发展中国家不能过分地、长期地依赖国外资本。同时，金融自由化还必须与贸易自由化、税制合理化和正确的政府支出政策相配合，才能开拓国内资金来源，促进经济的发展。

爱德华·肖（1973）在其出版的《经济发展中金融深化》一书中认为，由于新古典理论的前提之一是存在完善的市场体系，因此将该理论应用于发展中国家只能在长期内运用。肖的研究对象是"滞后经济"（Lagging Economy）。所谓"滞后经济"是指市场机制不健全，价格不能反映供求关系的变化，资本市场和货币市场不发达，市场被严重分割，信息流通不畅等一系列情况。肖的观点和麦金农相似，但他的研究角度和麦金农不同。肖首先批评了传统货币和金融的观点，即新古典学派的货币财富观，他认为这不符合"滞后经济"的实际情况，并提出了自己的债务中介理论和金融深化理论。在债务中介理论中，肖强调了货币的债权、债务关系。他认为实际货币既非社会财富，也非生产要素，实际货币余额的增减不影响社会收入，货币仅是债务中介。因此，他舍弃了麦金农的自我融资假设而从债务中介观点来解释金融自由化的效果。他认为发达和发展中国家的金融体系大不相同，发达国家拥有精微的、复杂的、多样化的金融机构，可以便利地将储蓄转化为投资。金融中介的作用在于改善资源分配与决定人均收入水平，因此人均收入水平与金融机构的完善和成熟程度有着正相关关系。肖建立的货币模型，货币关联着对私人部门的生产性投资，因而货币量与经济活动水平关系密切，通过银行中介的储蓄与投资的范围也随之扩大。肖认为金融自由化和金融发展会增加储蓄与投资的动机，其结果会提高金融中介在促进储蓄向投资转化中的作用，同时提高投资的平均效益：金融中介一方面可以提高储蓄者的实际收益，另一方面可以降低投资者的实际成本。如果利率被官方定得低于均衡水平，金融中介的作用就受到压制，不能充分发挥。如果允许利率探寻其均衡水平，金融中介就可以利用其专长有效地分配大量的投资资金，资金就会源源而来。因此，成功的金融自由化，其先决条件应该是银行的同业竞争与自由准入。肖认为，包括货币在内的各种形式的财富的实际收益都对储蓄比例有正面作用，投资者不限于自我融资，所以麦金农论述的互补作用在这里不起作用。

在肖的理论中，货币增长的替代效应是不存在的。在上述基础上，肖提出了金融深化理论。金融深化（Financial Deepening）指的是"解除对实际利息率的限制，从而使其反映储蓄的稀缺性，刺激储蓄，提高投资收益率"。处于金融深化进程的经济体系具有如下特征："金融资产存量的品种和范围扩大，期限种类增多，其与国民收入之比或者与有形物质财富之比逐渐上升；金融资产流量较少依赖财政收入和国际资本，而更多地依赖国内储蓄，货币流动速度也降低了；金融体系的规模扩大、机构增加、职能专业化。"在戈德·史密斯之后的肖等人所提出的金融深化理论也强调了金融中介机构在促进经济发展中的作用，但他们是从货币的债务媒介观出发来推导其理论的。其基本结论是货币行业的服务作为生产过程的"中间投入"，对于有效动员储蓄和配置储蓄的效率是至关重要的。此外，在肖看来，金融深化过程至少会带来四种效应，即收入效应、储蓄效应、投资效应和就业效应。

20世纪70年代后半期到80年代初期，许多经济学家在麦金农和肖的研究成果基础上进行了重要的拓展，被称为"麦金农—肖框架的第一代拓展"，又称金融抑制模型。他们在理论倾向上和政策建议方面并没有超越金融深化经典作家的思想，但是这些后来的经济学家对麦金农和肖著作中未加详细发挥的命题进行了严格的模型化，建立了正式的宏观经济模型。其中，影响最大的是卡普尔—马西森模型，它从投资数量的角度考察了金融深化的影响。

卡普尔—马西森模型应用于劳动力富裕的发展中国家，其生产函数可以用哈罗德—多马总生产函数来表示，即 $Y = \delta K$。其中，Y是实际产出，K是总利用资本，δ是产出/资本比率。卡普尔—马西森模型假定金融发展的状况只影响资本的数量ΔK，但是实际经验研究的结果表明，金融自由化和金融发展不仅影响资本数量，还影响投资的质量，而且对投资质量的影响远大于对资本数量的影响。

加尔比斯（1997）[①]在接受麦金农的货币与实物资本互补性假说和货币的"渠道"效应的基础上，用两部门模型修正和补充了麦金农的一部门模型。加尔比斯基本同意麦金农对发展中国家经济特征的总结，但就投资率和收益率的差异问题，他认为发展中国家的特殊性不在于投资收益率的暂时不一致，而是由于金融中介不发达及投资的不可分割性，导致使用落后技术的投资者无法

① Vicente Galbis："Financial Intermediation and Economic Growth in Less-developed Countries：A Theoretical Approach"，Journal of Development studies，Vol. 13. No. 2，1997，58－72.

通过资本转移来取得较高的收益率，因而因技术差异而形成的收益率差异无法通过资源转移加以消除。要解决这一问题，就必须发挥金融中介筹集和分配资金的功能。在他看来，"金融中介过程的改进，使金融资源与实际资源由陈旧的低收益投资转向新的投资，很可能导致整个经济增长率的显著加速"。加尔比斯的结论是：金融资产实际利率过低是金融压制的主要表现，是阻碍经济发展的重要因素。为了克服金融压制，充分发挥金融中介在促进经济增长和发展中的积极作用，必须把金融资产的实际利率提高到使可投资资源的实际供给和需求相平衡的水平。

20 世纪 90 年代发展起来的第二代金融发展理论的研究重点是，金融系统及其两个组成部分——金融中介和金融市场。它利用内生增长理论的研究方法研究了金融中介和金融市场是如何诞生、怎样服务以及两者是如何作用于经济增长的。它们阐明金融系统可以鼓励个人减少其持有的非生产性有形资产，将储蓄投向生产性投资；可以改善投资资金的分配，如可以集中资金，获得信息，把资本投向效益最高的地方，从而提高资本的平均报酬率；还可以对投资提供长期资金，可以使人们减少风险项目投资，鼓励人们只拥有资本的所有权。这样，金融系统就可以引导资产组合倾向于生产性投资，增加生产性投资的质与量。为此，他们建立了大量的理论模型和实证模型。

在 King 和 Levine 的模型[①]中，金融中介可以采取多种形式，既可以是银行，也可以是投资银行或风险投资机构。不管金融中介采取何种形式，这些金融机构都比私人投资者更有效地提供研究、评估和监督服务，同时所花费的成本也比私人投资者低。同时，金融机构的流动性更强，从而比私人投资者更能为企业提供适当的融资服务。总之，对企业的评估与分类降低了生产性投资的成本，提高了生产效率，从而刺激了经济增长。Bencivenga 和 Smith的模型[②]也证明，"与经济中不存在银行的情形相比，经济中银行的存在降低了整个经济中的流动储备持有量，并降低生产性资本的流动。因而，由于生产中的外部性，在金融中介部门活跃的情

---

① King R. and R. Levine, 1992, Financial Intermediation and Economic Development, in Capital Market and Financial Intermediation, Cambridge University Press.

② Bencivenga, V. R. & Smith, B. D., 1991, "Financial Intermediation and Endogenous Growth", Review of Economic Studies, 58 (2, April): 195 – 209.

况下，较高的均衡增长率将产生"。具体而言，他们提供了完整的模型来解释金融中介产生的根源和金融中介在经济中的作用，认为金融体系可以鼓励私人通过减少非生产性的有形资本的持有量将其储蓄转化为生产性的投资，而且可以通过多种途径提高投资资金的配置效率：金融系统可以产生资金的蓄积作用并因此获得更多信息，使得他们可以将资本配置到具有最高使用价值的投资用途上来，从而提高了资本的平均收益；通过为储蓄者提供流动性，可以提供更多的到期中介服务，同时可以为投资者提供长期资金，这就刺激了生产性投资；金融系统还可以提高私人投资形式的多元化，从而便于投资者分散私人项目的风险，鼓励了资本拥有的生产性投资；金融系统中的金融中介还有评估投资项目的可能，有助于评价来自特定创新行为的预期收益。

20 世纪 80 年代兴起的内生增长理论（又称新增长理论）为金融发展理论提供了进一步发展的空间，为金融理论和经济发展理论注入了新的活力。到了 20 世纪 90 年代，一些金融发展理论家不再满足于对麦金农—肖框架的修修补补，他们明显地意识到金融抑制模型的诸多缺陷（如效用函数的缺失、对总量生产函数形式的限定和假设条件的过于严峻等），以及根据这些模型提出的政策主张的过于激进（如对发展中经济或转型经济来说，金融自由化并不可取，金融约束是适宜的政策选择）。鉴于此，他们在汲取内生增长理论最新成果的基础上，对金融发展理论做了进一步发展。与上一次发展不同的是，这一次发展突破了麦金农—肖框架，把内生增长和内生金融中介体（或金融市场）并入到金融发展模型中，但是这样做使模型更加复杂，用的数学工具也更多。这些模型有一个共同特点，即直接对金融中介和金融市场建模，目的在于解释金融中介体和金融市场是如何内生形成的，以及金融发展和经济增长之间有何关系，并在此基础上，提出一些不同于第一代金融发展理论的政策建议。基于上述的原因，我们把这样发展起来的全新的理论称为第二代金融发展理论，以区别于第一代金融发展理论。其代表人物有戴蒙德、卢卡斯、戈德·史密斯、格林伍德等。

第二代金融发展理论的特点在于：首先，其研究重点是一般意义上的金融中介体和金融市场。研究内容包括金融中介体和金融市场是如何内生形成和发展的、金融中介体和金融市场是如何作用于经济增长的，以及在此基础上的政策主张。其次，受益于内生增长模型的发展，第二代金融发展理论家在各自的模型中引入了不对称信息、不确定性、监督成本、外部性和质量等级等有悖于完全竞争假设的因素，从而试图从信息经济学或垄断竞争的角度对金融中介体和金融市场的内生形成与发展及其作用力以全新的并且数学味儿很浓的解释。正是因为金融市场的不完善和银行业的不完全竞争，才导致第二代金融发展理论家的政策建议远不如第一代金融发展理论家（麦金农—肖派）那样激进。他们主张对金融进行适当的干预，如主张在不具备金融自由化先决条件的国家执行金融约束以求金融发展。因此，第二代金融发展理论家的主要理论成就在于：一方面解释了金融中介体和金融市场是如何单独内生形成和发展的，以及它们是如何同时内生形成和发展的，另一方面解释了金融中介体和金融市场是如何单独作用于经济增长的以及它们是如何同时作用于经济增长的。由于理论框架不同，这些政策主张不同于第一代金融发展理论家的政策主张。第一代金融发展理论家的政策主张比较单一，一言以蔽之，他们倡导金融自由化。也许是假设条件较贴近现实的缘故，与金融自由化相比，第二代金融发展理论家的政策主张较适合发展中国家和转型国家，特别是那些目前仍处于金融抑制状态但迫切希望走出这种状态的国家。

随着20世纪50年代直接融资的飞速发展，现代金融理论从传统金融理论的一般均衡分析方法转变为数理模型分析方法，研究对象从宏观层面研究金融转变为从微观层面研究金融的行为，从经济金融领域转变为社会工程领域。首先，马科维茨（1952）利用均值—方差分析方法对资产的收益和风险进行衡量，提出了风险资产的投资组合理论。此后，詹姆斯·托宾（1958）证明了给定无风险资产与风险资产的投资组合模型。同年，莫迪利·安尼（1952）与米勒（1952）提出了公司融资理论（MM模型）。夏普（1964、1970）、林特纳（1965）和莫辛（1966）又几乎同时发展了资本资产定价模型（CAPM）。斯蒂芬·罗斯（1976）则根据证券的预期收益与风险方差建立了最佳的投资组合，即套利定价模型（APT模型，1972）。卡普尔和列文等人将内生经济增长理论引入金融发展理论，提出了研究金融市场与经济增长关系的理论和实证模型。而克鲁格曼等人提出的金融危机理论对造成资本市场效率损失的金融泡沫进行了理论分析。金融理论上的这些创新丰富了金融效率研究的手段，扩展了效率研究的领域和视野。

对资本市场效率的真正研究是从尤金·法玛（1970）开始的。在他看来，资本市场的效率在于资本市场能否反映各种与市场有关的信息。由此，尤金·法玛把资本市场划分为弱势有效市场、半强势有效市场和强势有效市场，并对此进行了检验。

罗宾逊（1974）和怀特曼（1974）将市场效率分为操作效率（Operational Efficiency）和配置效率（Allocational Efficiency）。前者指融资过程中与成本对应的效益，即市场运行效率；后者则是将资金引导到具有效率的生产领域的有效性，即市场配置效率。其中，竞争是保证资本形成与配置公平、安全和有效的关键。

贝恩（1981）则将金融效率分为微观经济效率和宏观经济效率。杰克·雷维尔（1983）认为金融部门不同于一般生产部门，仅仅根据金融体系本身的运作效率，难以衡量金融部门投入—产出的效率，他将贝恩提出的效率归结为结构效率和配置效率。

哈罗德—多马模型是现代经济增长理论中一个颇有影响的模型，该模型极力强调了资本对于经济增长的意义。

格利和肖（1960）从专业化和劳动分工的角度考察了金融在经济中的作用，提出了金融结构和功能学说。

戈德·史密斯（1969）出版的《金融结构与金融发展》一书中提出了金融结构与经济发展的概念。

Beck 和 Levine（2002）利用 GMM 方法（广义矩估计方法，即出发点是设定一个函数，对于模型中的任何数据生成过程，该函数既依赖这个过程产生的数据，又依赖模型参数）选取、分析了40个国家1976～1998年的面板数据，在对这些指标的实证分析中检验结果证明了股票市场的发展促进了经济的增长，他们认为大规模、成熟、稳定的股票市场有利于降低交易费用和信息的收集成本，从而促进资本的合理配置，加快经济增长。

4. 公共选择理论、新制度经济学视角的金融效率研究

美国经济学家詹姆斯·布坎南创建的公共选择理论[①]认为，人们必须破除凡是国家政府都会全心全意为公众利益服务的理念。

---

① James, Buchanan, 1972, The Theory of Publis Choice, Ann Arbor, The University of Michigan Press.

政府是由个人选出的，也是由个人组成的。因此，选举规则和个人的多元化目标是决定政府行为的重要因素，在任何不合理的选举规则下产生的政府以及政府官员为满足不合理的个人追求而采取的行动，都将把经济运行引入恶化的境地。

从理论结构看，"交易费用"是西方新制度经济学的核心范畴。[①] 所谓交易费用，就是获得准确的市场信息所需要付出的费用，以及谈判经常性契约费用（即经济制度运行的费用），由交易费用概念导出的"科斯第二定律"指出，在存在交易费用的情况下，不同的权利界定会带来不同的有效性的资源配置，在新制度经济学家看来，由于经济政治环境的复杂性，人对环境的计算能力和认识能力有限，人的理性是有限的；在现实世界中，信息具有不完全性、不对称性的特征；人具有机会主义的行为倾向，即人总是关注自我利益的考虑和追求的。因此，制度作为一种稀缺性资源，能够对上述行为特征进行影响；也就是说，制度作为一种重要变量能够改变人们为其偏好所付出的代价，改变财富与非财富价值之间的权衡，从而影响到微观主体的经济行为和宏观经济运行状况。

二、国内相关研究述评

1. 关于资本市场功能的研究

20 世纪 90 年代以后，随着我国资本市场的逐步发展，关于资本市场功能探讨的文献日益增多。1992 年，我国在《国务院关于进一步加强证券市场宏观管理的通知》中明确了对证券市场的建立和发展，对于筹集资金、优化资源配置、调整产业结构、转化企业经营机制、促进社会主义市场经济发展有积极的作用。由此可知，我国资本市场的功能主要是筹集资金、优化资源配置、调整产业结构、转化企业机制、促进经济增长。原证监会主席周小川（2002）认为，资本市场有三种功能：融通资金、风险搭配和价格发现。原证监会主席尚福林（2003）认为，资本市场具有筹集资金、优化资源配置、为投资者提供增加财富的机会、促进和提高企业经营水平、创造就业机会等基本功能。同时他指出，资

---

① ［美］弗鲁博顿（Furubotn, E. G.）、［德］芮切特（Richter, R.）著：《新制度经济学：一个交易费用分析范式》，姜建强等译，上海人民出版社，2006 年版。

本市场的功能是综合性的，必须注重资本市场功能的全面发挥。
2004年2月1日，国务院发布了《关于推进资本市场改革开放和
稳定发展的若干意见》，《意见》指出，资本市场的作用是"促进
资本形成、优化资源配置、推动经济结构调整、完善公司治理结
构等"。与此同时，我国学者和市场分析人士对资本市场及其结构
中的股票市场的功能提出了很多观点，代表性的观点主要有：刘
纪鹏（2002）认为，资本市场有四个基本功能，即资源优化配置、
"晴雨表"、价值发现、财富增殖；胡继之（1999）认为，中国股
票市场有三种功能，即筹集资金功能，资源配置功能，包括增量
配置功能和存量配置功能，以及社会功能，主要有市场启蒙功能、
社会凝聚功能、自我价值实现功能、职业示范功能等；郝继伦博
士认为，股票市场具有四种功能，即融资、监控、流动性、优化
资源配置，核心功能是优化资源配置；郑静（2001）认为股票市
场有五种功能，即储蓄转化投资、优化资源配置、促进技术进步、
推动企业制度创新和收入分配。

2. 关于资本市场功能绩效的研究

针对资本市场的功能绩效，国内学者的研究是从20世纪90年
代中期开始的。首先，从金融效率与经济增长的关系着手，王广
谦（1996）分析了金融效率以及金融体系在中国经济增长中的贡
献度，谈儒勇（1999）重点研究了金融发展与中国经济增长的关
系，王振山（1999）则将金融效率与实体经济的效率进行了对比。
其次，围绕金融体系市场化程度相对较高的资本市场效率，借用
证券市场有效性假说、会计实证理论等对股票市场的有效性进行
实证分析，或用事件研究法检验会计信息的有效性以进行实证分
析。赵宇龙（1998）、陆建桥（1999）、徐宗宇（2000）等从会计
信息管理角度对会计信息在证券市场中的有效性进行了大量的实
证研究。刘志新、贾福清（2001）较系统地介绍了市场有效性研
究进展，并采用了重标级差模型R/S分析和乘积过程模型对收益
率序列进行"随机游走"检验。但是以上研究大都围绕证券市场
进行线性或非线性分析，单纯研究股票市场的信息有效性和股票
市场效率的差异，提出了"效率吸纳有效论"。曹红辉（2002）采
用线性分析和分形分析方法，对股票市场的线性"随机游走"和
非线性游走予以检验，通过国有股减持政策在股票市场中的过度
反应进行实证检验，提出了企业经营绩效并未成为资本市场配置

资源的依据，因而资本市场配置效率存在偏差的结论。银国宏
（2005）采用直接路径和间接路径的分析框架对中国资本市场与产
业绩效关系进行了研究。孔淑红（2006）从无套利均衡实现的观
点出发，运用市场效率理论和计量实证方法对中国证券市场进行
了理论和实证研究。曹凤岐（2003）从宏观、结构、管理和国际
化等多个方面对我国资本市场的发展战略进行了较为系统的研究，
认为"我国资本市场体系还很不完善、资本市场结构还很不合理，
应进一步发展债券市场、投资基金市场等"。胡援成（2006）根据
风险与收益、权益收益率与投资收益率的相互关系对最优资本结
构进行了研究。周钟山（2009）从我国证券品种结构比例等方面
的失调和不合理角度定性地研究了我国资本市场结构优化的对策。
总之，2001年初以来，国内经济学界对股票市场的性质与发展现
状展开了激烈的争论。其核心实质上是中国股票市场是否具有基
本的资源配置效率，即股票市场与实体经济是否存在相关性、协
调性和稳定性的问题。

第三节　研究的范畴、思路、方法和内容结构

一、研究基本范畴的界定

关于资本市场的范围界定，目前在理论界和实务界并不统一。
有人认为资本市场就是证券市场，有人认为中国的资本市场包括
企业产权市场。按照货币金融学的定义，一年以下的融资市场为
货币市场，一年以上的融资市场为资本市场。据此，本书认同一
年以上的融资和投资活动都属于资本市场范畴。资本市场总的来
说，是指长期融投资市场，本质上是投资市场，是资本运营的市
场。它不仅包括证券市场，而且包括企业产权市场；不仅包括权
益市场，而且包括长期债权市场（银行中长期信贷和债券市场）；
不仅包括现货市场，而且包括期货市场。鉴于股票市场、债券市
场和基金市场在我国资本市场中的地位和影响程度，本书拟从其
各自的功能入手，实证分析其对资源配置和促进经济社会发展的

绩效，采用与资本市场较发达和完善的发达国家进行比较，找出存在的不足，在此基础上探讨、完善和发展我国资本市场结构的战略。

二、本书研究的思路及方法

1. 研究基本思路

资本市场已成为现代市场经济体系的重要组成部分，这是一个不争的事实。我国资本市场是一个新兴的市场，"新兴加转轨"的特征决定了其资本市场结构与功能能否相匹配的复杂性和艰巨性。本书利用现代资本市场理论、金融工程理论、经济计量理论与方法，从市场经济条件下资本市场的结构功能分析入手，采集我国资本市场结构规模及其功能绩效的相关数据；利用构建的评价指标体系对资本市场结构与其功能绩效进行实证分析；通过实证分析结果比较剖析我国资本市场结构与其功能是否匹配及其影响因素；借鉴国际成熟资本市场运作的经验，在此基础上探讨我国资本市场结构的优化对策。

2. 研究方法

（1）理论与实践相结合。

借鉴现有成熟的资本市场结构理论，结合我国资本市场结构的特点和发展现状，构建我国资本市场结构与其功能相匹配的评价指标体系。

（2）规范分析与实证分析相结合。

1）规范分析：运用成熟的资本市场理论和资本市场运作实践经验，对我国资本市场结构、功能目标进行规范性界定。

2）实证分析：①运用哈罗德—多马经济增长模型和新古典经济增长模型等，分析债券市场对社会总供给、经济增长的效应；运用消费函数理论分析债券对社会总需求的效应；运用金融理论分析债券对货币供给量、利率水平和价格水平的影响等。②运用最小二乘法，对股票市场规模CAPITALIZATION（季度的平均股票市价总值与季度GDP的比率）和经济环比增长率GY（季度GDP环比增长率）总体相关关系进行线性回归分析；运用生命周期理论和回归分析方法，从居民消费支出角度分析股票市场的财富效应；运用托宾的Q效应理论和回归分析方法，从企业投资支出角度分析股票市场对企业投资支出的效应等。③截取投资基金行业的时间序列面板数据，以投资基金累计净值增长率作为投资基金业绩衡量指标，将其与债券、股票等资本市场的指数收益率进行横向比较来考察投资基金市场的总体绩效；运用詹森指数和 Treynor 与 Mazuy 1996 年提出的 T－M 模型进一步分析投资基金风险调整后的绩效和基金规模与投资能力的关系。④以股票市场规模（K_{1t}）、债券市场规模（K_{2t}）和投资基金市场规模（K_{3t}）作为资本投入量与国内生产总值（GDP）运用柯布—道格拉斯生产函数 $Q = AK_{it}^{\alpha}L_{it}^{\beta}$ 模型进行回归分析，以此对我国资本市场各子市场绩效进行比较分析。

（3）采用比较分析方法，借鉴国际上比较成熟的资本市场结构实践经验，针对上述实证分析得出的资本市场结构与其功能绩效不匹配的现象，从新古典经济学、社会学和制度经济学视角剖析资本市场功能绩效的影响因素，探讨我国资本市场结构的完善和优化。

三、本书研究的内容结构

本书拟从市场经济条件下资本市场结构的功能分析入手，界定考察我国资本市场结构及其功能绩效的指标，运用线性回归分析、T－M、柯布—道格拉斯生产函数（$Q = AK_{it}^{\alpha}L_{it}^{\beta}$）等相关经济计量模型对其功能绩效进行实证分析。在此基础上，探讨影响我国资本市场结构和功能绩效的因素，提出优化我国资本市场结构的模式和策略。主要内容包括以下几方面：

（1）对我国资本市场发展现状进行总体分析。

它主要包括：①我国资本市场结构的发展现状。②我国资本市场结构的功能变迁和定位。③我国资本市场的结构与功能的匹配性。

（2）对我国资本市场结构的功能绩效评价指标体系构建。

它主要包括：①我国资本市场的总体功能绩效评价指标分析和界定。②我国股票市场功能绩效的评价指标分析和界定。③我国债券市场的功能绩效评价指标分析和界定。④我国投资基金市场的功能绩效评价指标分析和界定。

（3）对我国资本市场结构的功能绩效实证分析。

它主要包括：①我国资本市场的总体绩效实证分析。②股票市场的功能绩效实证分析。③债券市场的功能绩效实证分析。④投资基金市场的功能绩效实证分析。⑤我国资本市场总体绩效与其子市场绩效的比较分析。

（4）对影响我国资本市场结构的功能绩效因素的分析。

它主要包括：①影响我国资本市场绩效的总体性因素分析。②股票市场功能绩效波动的成因分析。③债券市场功能绩效的影响因素分析。④投资基金市场功能绩效的影响因素分析。

（5）对我国资本市场结构的优化设计。

它主要包括：①国际成熟资本市场的结构现状及特点。②我国资本市场的功能目标。③我国资本市场结构及其功能目标的考核指标体系。④我国资本市场结构的模式设计。⑤我国资本市场结构及其绩效的监管。

第四节 研究的困难及创新之处

一、本书研究的难点

本书研究的重点如下：①从资本市场结构来说，重点研究资本市场中的股票市场、债券市场和投资基金市场。②从评价手段来说，重点研究构建资本市场结构中不同功能的子市场可以类比的绩效衡量指标体系。③从研究内容来说，重点通过对各主要子市场的功能绩效的实证分析剖析其结构和功能是否匹配。④从研究的目的来说，重点根据资本市场的功能，运用最优化结构模型，结合我国国情对我国资本市场结构进行优化设计。

本书研究的难点如下：①资本市场结构的功能绩效评价指标体系构建。②资本市场结构的功能绩效实证分析时的相关数据获取和收集。③资本市场功能绩效影响因素分析。

二、本书的基本观点及拟创新之处

本书研究的观点主要有以下三点：一是我国资本市场的功能着重点要从传统的"融资功能"向"投资功能"或"资源配置功能"过渡和转变。二是存在我国资本市场规模效率边界和最优结构规模。三是依据我国资本市场的功能目标要求，完善我国资本市场运行的制度安排和加强资本市场结构。各主体运作的监管是保障我国资本市场功能绩效得到充分发挥的关键因素。

　　本书的创新之处主要有以下三点：一是运用计量模型系统地分析我国资本市场结构的功能绩效。二是建立综合评价我国资本市场功能绩效的评价指标和模型对我国资本市场结构是否最佳进行比较分析。三是运用最优化结构模型对我国资本市场结构进行优化设计。

第二章　我国资本市场功能及结构发展现状的总体分析

经过近 20 年的发展，我国资本市场为我国经济发展和企业的规模扩张募集了大量资金，拓展了社会资金转化为投资的渠道，提高了直接融资比例，优化了企业的资本结构，为我国国企改革做出了巨大贡献。但毋庸讳言，我国资本市场在优化资源配置和促进经济增长等功能方面还不够完善。

第一节　资本市场功能的总体理论分析

关于资本市场的功能，长期以来理论界存在不同的观点。马克思认为资本市场是资本主义经济发展的必然结果，资本市场的产生又加快了资本的积聚和集中，从而加快了生产社会化的发展。国外其他学者关于资本市场功能的研究主要集中在资本市场能否促进经济增长上，国内学者的观点则有所不同。

一、马克思关于资本市场功能的论述

在论述资本市场作用时，马克思认为：随着生产社会化程度的提高、生产规模的扩大，需要与之相应的巨量资本为之服务，而股份制的出现使大规模资本积聚成为可能。"假如必须等待积累去使某些单个资本增长到能够修铁路的程度，那么恐怕直到今天世界上还没有铁路。但是，集中通过股份公司转瞬之间就把这件事完成了。""德国的交易所正把完全闲置的和半闲置的资本动员起

来，而且迅速集中到少数人手中，通过这种办法提供给工业支配的这些资本，导致了工业的振兴——市侩的德国终于开始变成一个现代国家。"股票只是取得未来收益的一种凭证，是一种虚拟资本，"它们只代表取得收益的一种权利"，但是这种权利是可以在流通中交易的，"它们每天都可以易手……铁路本身虽不能输出，所有权证书却是可以输出的"。①

马克思对股份制与有关资本的论述对我们理解资本市场与经济发展的关系有重要的启示意义。资本市场的融资功能和流动性决定了资本市场与社会资本形成及社会经济发展之间具有内在的逻辑联系。

（1）资本市场促进资本的形成。

在马克思所处的时代，资本市场主要以股票市场的形式存在，虽然股票市场还处于发展初期，资本市场功能还不完善，但马克思认为，股票市场为工业的发展提供了必要的积累，是"像蒸汽机那样的革命因素"。股票市场不仅为大规模生产提供了巨额资本，成为"发展现代生产力的强大杠杆"，而且促进了产业的发展。因此，资本市场对提高资本积累水平的特殊意义就在于它不仅是小资本积聚为大资本的手段，而且是现代企业制度建立的基础，是企业大规模生产和产业规模扩大的前提。

（2）资本积累促进经济增长。

马克思在论证资本市场对经济增长的作用时，是从资本市场的资本积累功能角度来考察的。资本积累不仅是生产规模扩大的基础，而且还是形成特殊的资本主义生产方式的基础。可见，资本积累为生产规模的扩大提供了基础，经济增长在一定程度上又是生产规模扩大的结果。生产规模的扩大通常表现为产业规模的扩大和产业结构的优化。无论是规模扩大还是结构优化，都需要以生产要素供给的增加为前提，而生产要素供给的增加是与资本积累相适应的。如果没有资本积累，就很难有生产要素的增加和任何产业的成长。因此，马克思强调："资本主义的商品生产，无论是社会的考察还是个别的考察，都要求货币形式的资本或货币作为每一个新开办企业的第一推动力和持续推动力。"

马克思就资本市场与经济发展的分析表明，生产发展与资本市

---

① 《马克思恩格斯全集》第 3 卷，人民出版社，1973 年版。

场存在一种正向关系，资本市场最基本的作用是推动经济增长。经济发展的水平和速度在很大程度上是由积累水平决定的。在市场经济中，积累是由金融中介实现的，金融的作用不仅在于能有效地将国民收入转化为投资，而且能增强社会资金的流动性，提高资金的运行效率。资金流动性加强，无疑能以较少的资金发挥较多资金的作用，创造更多的积累。以金融作为积累手段，可以充分发挥市场选择的优势，将有限的资金流向最有效率的投资项目，提高资金的积累效应。

二、西方学者对资本市场的功能研究

西方发达国家对资本市场功能的研究集中在资本市场在优化资源配置基础上对经济增长的作用方面。主流观点认为，资本市场通过信息的收集以及价格的变动机制来体现对企业经营活动的评估，因而其具有通过流动性分散风险、募集资金以及合理地使用资源的运行机制，进而推动经济增长的功能。

西方学术界在 20 世纪 70 年代对资本市场的功能研究是从资本市场与经济增长的关系方面进行的。首先，研究金融发展与经济增长是从 Gold Smiths、Shaw 和 Ronald I. McKinnon 开始的。Gold Smiths（1969）在《金融结构与金融发展》中提出了以金融相关比率来考察金融结构与金融发展之间的关系，其中讨论了金融发展与经济增长之间的关系。Shaw 和 Ronald I. McKinnon（1973）分别在《经济发展中的金融深化》和《经济发展中的货币与资本》中对金融深化与经济发展的影响进行了研究，并证实了金融自由化可以促进经济发展的观点。此后，越来越多的经济学家开始研究金融市场与经济发展的关系，其中在资本市场与经济发展方面的研究较多。一些文献认为，资本市场可以通过收购与兼并来促进专业化（Diamond，1984；Greenwood 和 Jovanovic，1990；Willmson，1986），也可以减少储蓄流动的成本和提供更多的投资便利。Cruley 和 Shaw（1955）认为金融结构与实际经济增长之间存在相关关系，金融中介的信用特征影响资源配置和经济增长。Patrick（1996）认为金融市场对资源配置和资本存量的影响表现在以下几个方面：①资本市场促进资本所有权结构发生变化，因而提高了存量资本的配置效率。②资本市场使新投入资本从效率低的企业或产业向效率高的企业或产业流动，提高了增量资本的配置效率。③金融市场的财富效应和投资效应可以加快资本积累速度，推动经济增长。帕加罗（1993）认为股票市场可以改变资本投入量和资本投入效率以促进经济增长，其途径是：①资本市场提高储蓄转化为实际投资的水平而推动经济增长。②由于资本市场具有收集信息、促进创新、分散风险的特征，从而改变了资本的边际效率，进而使生产效率得以提高。③资本市场还可以通过财富效应提高私人储蓄率、增加资本存量，进而促进经济增长。阿替列和凡诺维克（1993）在对40个国家的人均GDP与股票市场运行状况进行回归分析后，发现经济增长与资本市场的发展有明显的正相关关系。肯特和利文（1996）认为资本市场可以通过以下途径促进经济增长：①资本市场通过流动性降低了交易成本，减少了投资风险，使投资者增加了投资意愿，保证了优质企业的投资需求，提高了资本使用效率。②资本市场促使社会储蓄向有发展潜力的项目和优质企业流动，改善了资本配置结构。③投资者可以从股票市场获得企业的经营信息，有利于促进企业管理水平的提高。博伊德和史密斯（1998）建立的模型发现，金融系统市场化会预示更快的经济增长，他们还认为股票市场对经济增长的作用与经济发展水平相关，经济发展水平较低国家的股票市场融资水平明显低于经济发展水平高的国家。Bencivenga（1995）建立的模型研究了金融市场如何降低投资新技术的成本从而促进经济增长的机制。

还有一些学者在资本市场所具有的流动性、信息的传播和对企业的约束等特征的基础上分析了它们的功能。Hicks（1969）认为流动性是指当事人能够在某种价格条件下自由并及时地转换资产，流动性风险来源于选择哪些合适的渠道和方法以减少资产转换的不确定性。不对称信息和交易成本增加了流动性风险，同时也创造了对金融市场的需求，能降低流动性风险的金融市场催生了英国工业革命。这是因为，许多新兴的技术都需要大量的资本投入，而人们又偏好在需要的时刻能够及时收回投资。因此，金融市场提供了自由转换资产的场所。同时，又把分散的积蓄集聚起来投入长期投资项目。Levine（1991）发现，在资本市场上，受到外部冲击的人们能够迅速地卖出他们的股票，而企业本身并不受影响。所以，资本市场降低了投资者的流动性风险，同时并不影响高回报项目的投资。如果这些高回报项目有很强的产出能力，则会大大加快经济增长。高收益投资形成了对资本的长期需求，而资本所有者不愿失去其对储蓄的控制权，两者之间存在矛盾。股票市场能够使投资者获得一种资产（即股权），并且在需要时能够迅速调整其资产组合，使投资者承担的风险变小。公司则通过发行股权获得永久的资本融资，同时股票市场也可降低转移储蓄的成本。因此，股票市场的发展有利于期限更长、收益更高的投资，改善资本配置，推进长期经济增长。

此外，资本市场能够通过分散风险、优化资源配置来促进经济增长。Saint-Paul（1992）从资本市场的分散风险功能与经济增长关系的角度建立了相关模型研究。模型分析认为，生产率的提高必须通过劳动分工程度的提高来实现，而劳动分工程度的提高意味着专业化程度较高的资源被投入到风险较高的项目中。资本市场的作用在于影响技术选择：在资本市场缺乏或很不发达的情况下，人们会选择生产性很差但灵活性强的技术，灵活性强意味着专业化程度低；而在资本市场发达的情况下，由于可以在资本市场上通过证券组合来分散风险，人们就会选择更具生产性、专业化程度也更高的技术，以此促进生产率的提高。King 和 Levine（1993）认为当事人一直想通过努力创新、寻求技术的变革来获得超额利润。由于通过资本市场中的不同资产组合能够减轻创新带来的风险，所以资本市场为当事人参与创新和技术变革提供了分散风险的功能，从而增加了社会的技术变革和创新的热情，促进了经济增长。

Grossman、Stiglitz、Holmstrom、Tirol、Kyle 等学者从资本市场对信息获取与传播的影响来分析其功能。Grossman 等认为当资本市场规模越来越大、流动性越来越强时，市场的参与者越有动力去获取关于企业的信息（Grossman 和 Stiglitz，1980；Holmstrom 和 Tirole，1993）。Kyle（1984）指出，在一个大的、更具流动性的市场上，股份转让按牌价进行交易，那些已获取企业信息的投资者能够在信息广泛传递及价格发生变化之前，按照现行价格进行交易以赚取收益，这将鼓励投资者加大对公司经营的研究和监督。因此，资本市场的发展会改善对公司信息的获取。Merton（1987）认为，这种集聚了企业大量信息的市场有助于资源的配置，从而促进经济增长。

Manne、Diamond、Thakor 等学者在分析资本市场监控功能的基础上，论证了资本市场对经济的推动作用。Manne（1965）认为，一个积极监控企业的资本市场有利于资本的有效配置。它允许有能力的管理团队在较短时间内控制大量的资源，而表现差的经理会被能力强的经理替代。监控企业的市场提供了一种机制，即企业一旦不能为最大化股东的利益服务，经理将被无情地抛弃。同时，股东可以通过财务安排驱使经理按照股东利益最大化的目标经营。股东可以通过股票市场将经理的管理补偿同股票价格联系起来，这有助于统一经理和股东的利益。

有的学者认为资本市场并非具有资源配置、推动经济增长的功能。哈里斯（1997）研究发现，资本市场对发达国家和发展中国家的作用显著不同，发达国家资本市场的资源配置功能高于发展中国家，欠发达国家的资本市场对投资和经济增长都没有明显的影响。著名经济学家斯蒂格利茨则认为，由于资本市场的流动性和投机性强化了投资者的短期行为，降低了投资者监督企业的积极性；同时，由于信息不对称，证券价格不能反映真实价值，增加了优质企业的融资成本，不利于资源配置。因此，资本市场不仅不能优化资源配置、促进经济增长，反而会妨碍经济增长。Popov（1999）观察经济转轨国家时发现，即使那些私有化方案有利于资本市场发展的国家，产生的新兴金融系统也倾向于形成德、日模式（银行主导而不是市场主导）。Choe 和 Moosa（1999）从居民资产角度以韩国为样本研究了金融市场与经济增长的关系，得出在韩国的经济发展过程中，银行比资本市场对经济发展起更大的作用。Singh（1997）认为，对发展中国家而言，资本市场的公司控制权制度是个沉重的负担，因为资本市场价格的不断变动实际上鼓励了投机行为而不是长期投资。Demirgtig、Kunt 和 Maksimovic（1998）证明在发展中国家，发达的资本市场带来的是更多的银行融资。

三、国内关于资本市场的功能研究

20 世纪 90 年代以来，我国实务界和理论界对资本市场的功能进行了大量的探讨。1992 年《国务院关于进一步加强证券市场宏观管理的通知》中明确指出，证券市场的建立和发展，对于筹集资金、优化资源配置、调整产业结构、转换企业经营机制、促进社会主义市场经济发展有积极作用。由此可知，我国资本市场的功能主要是筹集资金、优化资源配置、调整产业结构、转换企业经营机制、促进经济增长。原证监会主席周小川（2002）认为，资本市场有三种功能：融通资金功能、风险搭配功能、价格发现功能。现任证监会主席尚福林（2003）认为，资本市场具有筹集资金、优化资源配置、为投资者提供增加财富的机会、促进和提高企业经营水平、创造就业机会等基本功能。同时他指出，资本市场的功能是综合性的，必须注重资本市场功能的全面发挥。2004年2月，国务院发布了《关于推进资本市场改革开放和稳定发展的若干意见》，其中指出，资本市场的作用是"促进资本形成、优化资源配置、推动经济结构调整、完善公司治理结构等"。同时我国学者和实践界人士对资本市场的功能也提出了很多观点，代表性的观点主要有：刘纪鹏（2002）认为，资本市场有四个基本功能：资源优化配置、"晴雨表"、价值发现、财富增值。郝继伦博士（2000）认为，股票市场具有四种功能：融资、监控、流动性和优化资源配置，其中核心功能是优化资源配置。郑静（2001）认为股票市场有五种功能：储蓄转化投资、优化资源配置、促进技术进步、推动企业制度创新和收入分配。徐艳（2003）认为，资本市场的功能效率就是充分提高金融资产在不贬值的情况下及时变现的能力。陈东成（1999）认为，资本市场的功能效率一般指的是资本市场调节和分配资金的效率，并将资本市场效率分为三类：一是资本市场的内部运作效率。二是资本市场的外部资金配置效率。三是由内部运作效率导向外部效率的"指示器"，即价格效率。谢瑞（2002）认为，提高资本市场效率，疏通、改善资本市场对经济增长的作用机制，关键在于消除"资本市场抑制"，进行"资本市场深化"。这里的"资本市场深化"是指在经济发展和金融深化的条件下，资本市场规模的不断扩大、结构的不断延伸及由此产生的资本市场机制的增强、功能的完善和效率的提高。王军（2002）揭示了资本市场影响经济增长的三大机制：储蓄转化为投资的机制、投资带动生产增长的机制、改变储蓄率的机制。

王兰军（2003）认为资本市场的功能可以分为基础性功能和综合性功能。基础性功能主要有：提供直接融资渠道和途径，促进社会储蓄向投资转化；提供流动性，分散投融资风险；风险资产定价；促进企业产权重新组合；积累财富。综合性的功能主要有：促进增量经济结构的优化调整，实现增量资源的优化配置；监控和筛选企业家，提高资源配置效率，促进存量资本优化重组，实现存量资源优化配置的功能；反映宏观经济运行状况的国民经济"晴雨表"；促进企业转换经营机制，建立现代企业制度。

概括起来，资本市场的功能具有如下几方面：

（1）优化资源配置以及促进经济增长。

资本市场是投资者追求经济利益的场所，它将社会资金集中到优秀企业和有发展潜力的企业，从而提高了社会资源的利用效率。其运行机理是在信息充分的条件下，投资者能甄别经营水平不同的企业，优秀的企业由于经营业绩好，投资回报高，就会受到投资者的青睐，并能够吸收足够的社会资金；而业绩差、经营不善的企业就被市场所淘汰，或者被其他企业所收购，从而将有限的资源集中到优秀的企业。这就是资本市场微观上的优化资源配置功能。就宏观而言，一方面，单个企业经营绩效的提高，有利于促进整体经济的增长；另一方面，资本市场在选择企业的同时，也会引导社会资本向有发展潜力的朝阳产业集中，从而推动产业结构的优化和升级，促进经济增长。

（2）价值发现功能。

资本市场是上市公司信息的发布、收集和传播的渠道之一。投资者通过资本市场及时了解企业的财务状况及经营信息，判断和分析企业的未来发展趋势，上市公司的经营水平和发展状况也就通过证券价格的变化反映出来。

（3）"晴雨表"。

一般来说，资本市场中的证券市场波动先于经济运行周期：当经济从低谷开始复苏时，人们被压抑的需求开始释放，企业增加投资计划，投资者的预期好转，证券价格上涨，证券市场开始活跃；但当实体经济过热，"投资乘数"以及"加速原理"扩大到一定程度时，人们的预期又发生作用，在实体经济还没有明显收缩时，证券价格就开始下跌，证券市场开始萎缩。

（4）筹集资金。

资本市场通过向社会公开发行债券、股票和基金等，为企业扩张筹集所需的资金，以实现企业的规模经营。资本市场这种以直接融资的方式为企业筹集资金与其他融资方式相比具有无法比拟的优越性，它不仅满足了企业大规模的资金需求，同时也加速了资本的积聚和集中，推动了社会大生产的发展。

（5）分散风险。

资本市场具有很强的流动性，使投资者能够迅速实现资产转换，从而达到降低和分散风险的作用。Hicks（1996）认为金融市场为投资者提供了资产转换的场所，同时又把分散的储蓄集中起来投入到长期投资项目，这种机制促进了技术的创新。Levine（1991）发现，在证券市场中，受到外部冲击的投资者卖出股票，但并不会使企业受到影响。这就是资本市场的降低和分散风险的功能。

（6）外部治理。

资本市场的信息收集、传播以及证券价格的变化对上市公司经营者形成了外部约束，从而有助于改善公司治理结构。上市公司经营得好坏直接通过证券价格反映出来。经营不善的企业，其证券价格下跌可能导致收购、兼并或重组的行为产生。同时，资本市场还会通过社会公众及媒体舆论对上市公司的经营起监督作用，使企业经营者偏离股东目标的行为受到约束。

总之，尽管关于资本市场功能的观点各不相同，但主流的观点认为由于资本市场的投资者理性投资使证券价格能够正确评估企业的经营水平并与宏观经济运行相协调，因而资本市场的运行机理是企业的经营发展状况和实体经济运行周期的反映，在微观上具有以价值发现为基础的优化资源配置、宏观上具有提高资源利用效率、推动经济增长的作用。所以，资本市场的基本功能可以表述为：基础的价值发现、反映实体经济运行、分散风险、公司治理、优化资源配置进而推动经济增长。在此，优化资源配置、促进经济增长是资本市场的本质和基本功能。价值发现、筹集资金、分散风险既是这一功能的实现方式，也是其外在表现，而反映实体经济运行则是资本市场运行的内在机理。

上述研究者对资本市场的功能作用有不同的观点，都是假设市场制度是完善的，即在既定制度的基础上研究资本市场功能，而不关心资本市场运行的环境。而资本市场能否发挥作用，一方面取决于市场微观结构所决定的股票价格形成机制，另一方面则决定于市场微观结构的制度环境，在没有市场制度做支撑的情况下，证券价格的形成机制是不完善的。实际上，经济转型国家，包括我国的资本市场都面临的是资本市场运行的制度环境问题。这就能够解释同样的资本市场，为什么在发达国家能够有效运行，可在发展中国家却存在功能障碍。

第二节　我国资本市场功能发展现状的总体分析

1978 年 12 月，党的十一届三中全会提出以经济建设为中心，把改革开放作为我国的基本国策，启动了中国经济从计划体制向市场体制的转型，推动了中国资本市场的萌芽和发展。在过去的 30 多年间，中国资本市场从无到有，从小到大，从弱到强，从区域到全国，采用"政府自上而下推动"与"市场自我演进"相结合的市场化改革方式，按照"先债券后股票，先二级后一级"的市场初建顺序，规模不断壮大，投资产品不断丰富，制度不断完善，监管体系不断健全，站在了中国经济改革和发展的前沿，推动了中国经济体制和社会资源配置方式的变革，实现了中国资本市场的腾飞。

一、我国资本市场功能发展现状

我国资本市场在 20 多年的时间里走完了西方国家 200 多年的历程，取得了举世瞩目的成就，为我国经济发展和社会进步做出了巨大贡献。

（1）我国资本市场为国有企业发展募集了大量的资金。

经济增长理论认为，企业发展及经济增长必须要有资本的支持，资本的形成是企业发展的初始推动力。因此，资本的形成及投资是经济增长的基本要素。我国资本市场在国有企业资本形成过程中发挥了巨大的作用。我国国有企业募集资金、形成资本积累等是资本市场形成的初始动力，也是我国资本市场最基本的功能。我国企业股票、债券的发行源于 20 世纪 80 年代地方中小企业尤其是地方国有企业的融资困境。由于中国财政体制和银行体制的改革，原来依靠财政拨款和银行贷款获得资金的地方国有企业失去了必备的资金来源，在融资结构发生了重大变化的条件下，由过去以财政拨款和银行贷款为主的融资模式转变为现时的间接融资和直接融资并重的融资结构。因此，为了获得企业经营资金，资本市场自然就成为财政与银行的替代物。全国统一资本市场形成后，证券发行基本承担了为国有企业募集资本金的任务。

（2）我国资本市场推动了我国的经济改革和国有企业改革。

1978年十一届三中全会正式拉开了中国经济改革开放的序幕，中央集权式的企业管理模式已经不能适应改革的需要，国有企业改革在放权让利的方针指导下开始了扩大企业自主权的试点。1984年放权让利的改革全面实施，实施的结果并不理想；接着承包制开始全国推行，1987年底大约80%的国有大中型企业实行了承包制。但承包制改革未能触及企业的产权，企业改革仍不理想。为了深化经济改革、搞活国有企业，1986年我国开始了"股份制试点"，与之相适应的资本市场就此诞生。企业通过资本市场发行股票与债券，实现了企业产权的多元化，有助于改变国有企业政企不分、公司治理机制不健全的局面；同时，也有利于国有企业的产权约束机制的建立和国有资产管理体制的改革。因此，股份制的推行、资本市场的形成为我国经济体制改革和国有企业经营机制转换提供了动力和平台。截至2010年9月，我国仅A股上市公司近2100家，诸如工商银行、中国银行、建设银行、农业银行、中国石油、中国人寿、中国铁建、中国神华等大型国有企业都成功进行了股份制改造，成为我国证券市场的上市公司。

（3）我国资本市场强化了国有企业的自我约束，有利于国有企业改善经营绩效。

资本市场以其特有的治理机制约束着上市公司的经营行为，保证股东的合法利益不受侵害。尽管我国资本市场的外部约束机制并不十分健全，但对上市公司也起到了一定的约束作用。这首先表现在国有企业为了达到上市的目标，必须完善内部公司法人治理结构，改善经营管理，提高自身形象和经营绩效；同时，资本市场的外部约束机制所具有的公众舆论和社会监督也促使国有上市公司自我约束，防范上市公司损害股东利益的机会主义行为。在《证券法》和《公司法》已颁布实施、国有企业的股份制改革全面铺开的情况下，资本市场不仅为我国经济发展和企业的规模扩张募集了大量资金，拓展了社会资金转化为投资的渠道，提高了直接融资比例，优化了企业资本结构，推动了我国银行体制和财政体制的改革，为我国经济增长和产业结构调整做出了应有的贡献，同时也为我国企业经营机制的转换、提高管理水平和经营绩效做出了很大的贡献。

（4）我国资本市场促进了人们思想观念、行为方式的转变。

我国尽管经历了 30 多年的改革开放，但市场经济理念并没有完全深入人心。长期以来，计划经济的思想观念和行为方式是制约我国体制改革和经济发展的关键。资本市场的运行有利于人们更新观念、树立市场意识。因为资本市场是市场机制运行的经典之作，它同计划经济体制下的投资理念与投资行为形成了鲜明的对照。在证券投资中，人们的投资意识开始觉醒，投资者开始关心企业治理和政府行为。这种思想观念和行为方式的转变不仅有利于投资者财富的增加，更有利于经济的发展和社会的进步。事实上，我国资本市场的投资者正以惊人的速度增加，截至 2007 年底，我国资本市场中股票投资和基金投资的开户数量都超过了 1 亿户，证券投资已成为人们社会经济生活的重要组成部分，资本市场已成为促进改革开放、社会进步的重要手段。

（5）资本市场为我国投资者开辟了多元化投资渠道，为人们规避市场风险、寻找投资机会提供了金融工具。

由于目前我国法律体系尚不完善，地方政府行为尚不规范，这在一定程度上增加了社会资本投资的不确定性和公众投资的风险性，同时也造成社会投资渠道不畅，尤其是对于拥有众多分散资金的中小投资者来说，直接进入实体经济经营面临的问题更多。资本市场以其相对透明的市场制度和相对公平的游戏规则与其他投资领域相比更受投资者尤其是中小投资者的偏好，因而资本市场也就为很多有投资意愿的投资者提供了更丰富的投资选择。事实上，在我国资本市场中，不乏通过证券投资完成资本原始积累、实现财富增长的投资者，1996 年和 2006 年两次比较大的"牛市"行情，更为广大投资者提供了致富的机会。同时，我国资本市场的规模也迅速扩大，截至 2007 年底，上海和深圳交易所仅股票市值就超过 30 万亿元人民币，超过了我国 GDP 总量。因此，资本市场不仅促进了我国财富的增加，同时在经济增长和社会发展方面也做出了一定的贡献。

此外，我国资本市场在促进金融改革、推动金融工具的创新、吸引国际投资、扩大对外开放、分流储蓄资金、增加社会收入等方面也起到了很大的作用。

二、资本市场法律、法规的发展现状

1992 年，邓小平南方谈话破除了思想和理论障碍，从此中国投资品种推陈出新，推动着我国资本市场快速发展。为完善中国资本市场的基础制度和运行机制，建立社会主义市场经济体制，一些国有企业率先进行了股份制改革，并通过资本市场进行融资和运营，这是前所未有的重大创新，为资本市场其他各项改革和制度创新积累了经验、创造了条件。针对前一时期，资本市场处于一种自我演进，缺乏全国统一的法律、法规及统一的监管，投资产品发行混乱的局面，在 1992 年 10 月成立了国务院证券管理委员会和中国证券监督管理委员会（以下简称"国务院证券委"和"中国证监会"）。这标志着中国资本市场开始逐步纳入全国统一监管框架，区域性试点由上海、深圳推广至全国，打开了资本市场进一步发展的空间。1997 年 11 月中国金融体系开始对银行业、证券业、保险业进行分业经营、分业管理。1998 年 4 月，随着国务院证券委的撤销，中国证监会成为全国证券期货市场的监管部门，建立了集中、统一的证券期货市场监管体制。

在 1998 年 12 月证监会颁发了《证券法》，并于 1999 年 7 月实施。这是中国第一部规范证券发行与交易行为的法律，并由此确认了资本市场的法律地位。中国证监会成立后，推动了《股票发行与交易管理暂行条例》、《公开发行股票公司信息披露实施细则》、《禁止证券欺诈行为暂行办法》、《关于严禁操纵证券市场行为的通知》等一系列证券期货市场法规和规章的建设，资本市场法规体系初步形成，使资本市场的发展走上规范化轨道，为相关制度的进一步完善奠定了基础。2008 年以来，根据行业发展和市场变化的需要，积极推动基金监管业务信息系统建设，不断丰富监管数据来源，提高监管信息的分析效用。2008 年我国先后颁布《基金管理公司特定客户资产管理试点办法》、《特定客户资产管理合同内容与格式指引》、《关于证券投资基金宣传推介材料监管事项的补充规定》、《证券投资基金管理公司公平交易制度指导意见》、《QFII 督察员指导意见》、《关于证券投资基金管理公司在香港设立机构的规定》、《关于修改〈关于基金管理公司提取风险准备金有关问题的通知〉的决定》和《证券投资基金信息披露 XBRL 标引规范（Taxonomy）简介》等十余部法规文件。总之，我国资本市场的法律、法规日益细化和完善。

三、我国资本市场功能表现的不足

尽管我国资本市场成绩斐然，但我国资本市场是在政府主导下，为国有企业服务这一特定背景下产生和发展起来的，在缺乏自然演变、超常规发展的条件下，其功能难免不完善。因此，我国已有大量文献从不同的角度研究了我国资本市场的功能问题。2002年以前的文献大都采用实证的方法对我国资本市场的有效性及其功能发挥情况进行研究。丁华（1999）指出，上证指数没有达到弱势有效。王开国（2000）的研究结果表明所有的收益率线性独立的假设都被拒绝了，由此得出结论，中国股市定价机制不完善，偏离弱势有效。史永东（2000）分析了中国的证券市场，结果显示我国的股票收益率序列遵循有偏的"随机游走"，价格不能对信息做出及时反应，收益率序列呈现出持久性，今天的证券价格影响未来的价格，说明我国的证券市场尚未达到有效的程度。赵振全等（2002）在检验相关指标存在协整关系的前提下，对证券市场规模、流动性、波动性指标进行回归检验，结果表明证券市场发展指标和经济增长之间的因果关系并不明显，资本化率对经济增长有非常弱的引致作用，交易价值和波动性指标对经济增长几乎没有任何作用。于长秋（2001）在对我国1986～2000年的有关数据研究中发现，间接融资与国内生产总值呈正相关关系，而直接融资与国内生产总值呈负相关关系，相关系数达 - 0.0942。韩廷春（2001）在对中国1978年以来的相关数据分析中发现，包括股票市场在内的直接融资对融资总量每提高1%，经济增长率仅提高0.008%。2001年以后，由于资本市场与宏观经济相背离的特征，直接针对我国资本市场功能缺失的文献不断增加。成思危《诊断与治疗：揭示中国的股票市场》（2002）运用亨得利"从一般到特殊"建模法（Hendry General - to - Specific Estimation Stratery）建立股市条件波动性和宏观经济各个变量条件波动性之间的函数关系，认为我国资本市场与宏观经济运行相背离，资本市场作为国家宏观经济运行的"晴雨表"功能并没有体现出来；王兰军（2003）认为我国证券市场功能不完善表现在以下几个方面：①促进企业转换经营机制、建立现代企业制度的功能发挥不彻底。②由于股权结构不合理，严重影响证券市场促进存量资源优化配置功能的发挥。刘义圣（2006）认为我国资本市场融资功能超常发挥、风险定价功能失灵、流动性功能低效、资源配置功能扭曲、转制功能滞后、"晴雨表"功能丧失、宏观调控功能处于睡眠状态是我国证券市场功能面临的主要问题。王军（2002）通过实证检验，得出了与金融相悖的结论，即中国资本市场中的证券市场的发展与经济增长之间无明显的相关关系，它对经济增长的作用不仅微弱，而且还不利于经济增长，不能不切实际地高估资本市场对我国经济增长的作用。刘赣州（2003）通过对中国证券市场资源配置效率的实证检验发现，市场的流动性与资本配置效率呈负相关关系。

总的来说，我国资本市场功能的不健全体现在以下几个方面：

（1）"晴雨表"功能缺失。

根据证券市场理论，国民经济运行状况一直被人们视为证券投资的依据。从证券市场与经济运行的内在逻辑上讲，证券市场属于虚拟经济的范畴，企业经营属于实体经济的范畴，虚拟经济在实体经济的基础上产生并发展起来，并反映实体经济的运行状况。正是从这个意义上讲，属于虚拟经济的股票市场同属于实体经济的经济运行也必然是一致的。但我国证券市场与经济运行周期的一致性并不明显。从1991年以来我国证券市场走势与宏观经济运行的关系来看，除了证券市场开始几年与宏观经济保持一致以外，其余大部分运行周期都与实体经济运行相背离。在宏观经济方面，从1993年开始至2001年底，GDP增长率基本呈下降趋势或在底部徘徊，但上证指数自1996年以来屡创新高；另外，宏观经济自2001年以来逐步走出低谷，GDP增长率逐步回升，但上证指数自2001年6月以来反复走低，"熊市"特征明显；2006年初至2007年，尽管我国宏观经济同2006年以前一样保持较高的增长速度，但证券市场空前活跃，涨幅达到500%以上；2007年10月以来，尽管我国宏观经济没有发生明显的变化，但证券市场快速走向低迷，跌幅达到40%以上。

（2）投资功能缺失。

投资者参与资本市场的目的是期望通过资本市场获得与其承担风险相应的风险收益。但从我国证券市场运行来看，证券投资收益不呈"正态分布"，大部分投资者不能获得平均的期望利润，且收益和风险不对称，投资者不能获得相应的"风险溢价"。张维在

《中国证券市场制度演化及其效率》一书中对投资者损失的研究结论是，1994～2003年二级市场投资者的累计损失为2813.5亿元，平均每年损失281.35亿元。投资者所获得的现金股利有稳定的增长，但其数值远小于佣金和印花税的数值，每年佣金和印花税之和平均为现金股利的6倍；根据"大智慧"网站的抽样调查得出的结论，尽管2007年证券市场大幅上涨，但仍然有一半左右的投资者处于亏损状态；2007年10月以后，上证指数曾由6100余点下跌至1600多点，两市股票市值从30多万亿元减少到10多万亿元，大部分投资者更是损失惨重。尽管我国证券市值经历了1996～2001年和2006～2007两次比较大的"牛市"行情，但从我国证券市场运行的整个周期看，并考虑到投资成本和资金机会成本，投资者并没有从证券市场获得应有的财富增值。

（3）公司治理功能缺失。

金融理论认为，证券市场的价格机制、收购机制、股权激励、舆论监督、股东"用脚投票"等都可以约束上市公司的行为，使上市公司的目标与股东的目标保持一致。但证券市场的外部治理机制对我国上市公司的约束作用并不明显。在国家控股并在政府参与上市公司管理的情况下，股票价格的高低对上市公司管理人的约束和激励不强，即使上市公司经营业绩不佳，政府也没有足够的动力对现有的经营者进行处罚，况且上市公司高级管理人员本身就是一定级别的政府官员，他们与政府职能部门之间有着经济和政治的关系，上市公司竞争不力，并不影响他们的政治地位；同时其他股东要通过证券市场收购国有股并取代控股权几乎是不可能的，即使存在收购也只能是国有股权之间控股地位的转换，这种收购对上市公司经营者的行为也不会产生大的影响；当然中小股东可以以卖出股票的方式向上市公司"抱怨"、表示不满，从而达到约束上市公司经营者行为的目的。但我国证券市场投资者买卖股票的依据并不是针对上市公司经营情况的，而是针对"庄家"与政策的，所谓"用脚投票"机制与企业本身就没有充分的关联。即使"用脚投票"，上市公司也不会受到任何影响。

（4）投机现象严重。

从理论上来说，证券市场是为投资者以价值发现为基础进行理性投资的制度安排，其目的并不是为投资者投机服务的。尽管在实际操作中，投机与投资很难区分，但在理论上还是有一定界定的。实际上，证券市场上的投资者不分析企业价值和实体经济运行，一味地"跟庄"、打探消息、短期炒作，期望突然暴富或获取不切实际的收益，即可以定性为投机。我国证券市场的投机特征十分明显。表现之一是我国证券市场的波动在世界上是少见的，政策、传言及各种"噪音"乃至机构的炒作或操纵都会引起中小投资者的跟风，导致市场波动频率高、幅度大；表现之二是市场换手率畸高，中国股票市场的年均换手率远高于其他国家；表现之三是市盈率高，上海和深圳市场的平均市盈率都在 30 倍以上，1996～2001 年和 2007 年以来都在 50 倍以上，远远高于发达国家，也高于发展中国家；表现之四是持股时间短，大部分投资者投资证券市场并不是看重上市公司的经营业绩或者投资价值，而是看重市场波动，希望短期获得超额利润，因此投资者持有股票时间短，交易次数频繁，交投活跃；表现之五是 A 股与 H 股同股不同价，同一上市公司、同股、同权、同价的股票在上海、深圳和香港市场的价格相差甚大，前者的价格大都高于后者。

（5）融资功能过度发挥。

按照融资序列理论，通过发行股票融资并不是上市公司的首选。在理性的融资方式中，最有利于股东的融资方式是内部资金融资，其次是发行公司债券或者向银行贷款融资，最后才是发行股票。这种融资行为是上市公司融资的最优决策。可我国上市公司的融资行为不同于金融理论中的融资序列，其表现是我国证券市场成为了上市公司融资的首选。上市公司不论在需不需要资金或有不同融资方式选择的情况下，都具有强烈的通过证券市场融资的冲动。一是在所有的融资方式中，上市公司最偏好股权融资，只要能够通过股票市场融资，其他融资方式都可放弃；二是在任何时候都具有融资愿望，企业法人总是最大限度地扩大企业规模，他们并不在乎投资与收益的关系，甚至在项目的净现值小于零的情况下也愿意从股票市场融资。

（6）证券市场价格不遵循"随机游走"规律，或者说市场往往被操纵。

根据有效市场理论，证券市场投资者的机会是均等的，投资者可以根据个人的效用偏好和风险承受能力选择不同的投资组合，大部分投资者能够获得平均收益；证券市场的价格呈布朗运动，其变动呈"随机游走"规律，操纵市场、误导投资者的行为不易发生。但我国证券市场的价格并不遵循"随机游走"规律，机构投资者利用资金、信息优势可以直接控制市场，中小投资者可能成为机构炒作的跟风者。在中国证券市场运行的过程中，不乏机构投资者操纵市场的案例："中科系"等坐庄和"基金黑幕"等事件从不同角度反映了我国证券市场机构投资者的行为特征。2007年以来，以基金为首的机构投资者高举所谓"价值投资"的大旗，恶炒国企大盘股，许多国企上市公司大都被机构投资者操纵，并成为控制、影响市场运行的工具。在市场被操纵的情境下，操纵者能够以较低的风险获得较高的收益，但大部分投资者却承担了与收益不对称的风险，甚至是亏损。

（7）分散风险功能不够完善。

在功能完善的资本市场中，投资者可以根据不同的风险偏好，参与不同性质的交易市场，选择不同的交易品种和投资组合，实现不同风险的资产转换，以达到降低和分散风险的目的。但我国资本市场分散风险的功能并不完善。首先目前深沪两市的主要交易品种齐涨齐跌的现象十分明显，系统风险远远大于非系统风险，投资者不论选择什么品种的股票，只要大盘出现下跌，风险就产生了；其次是市场结构单一，投资者能参与的只能是主板市场，主板以外的区域市场、柜台交易等被取缔，三板市场交易时间短、流动性差；最后是缺乏用于对冲交易和降低风险的交易品种，投资者不能选择对冲交易模式和除股票以外的交易品种，特别是不能选择投资组合所必需的股权、期权等证券衍生品种，使得投资者行为趋同，助涨助跌，制约了投资者抵制风险的能力，并进一步放大了系统风险。

第三节   我国资本市场结构的发展现状

随着资本市场发行规模不断壮大和投资者不断增加，证券流通的需求也日益强烈，从而促使股票、债券和证券投资基金的柜台交易在全国各地陆续出现，二级市场初步形成。

一、股票市场的发展现状

1990 年国家允许在有条件的大城市建立证券交易所。1990 年 11 月 26 日上海证券交易所由中国人民银行总行批准成立，同年 12 月 19 日正式开业。当时上海证券交易所上市的仅有 8 只股票，此谓上海"老八股"，即上海本地的延中实业、真空电子、飞乐音响、爱使电子、申华电工、飞乐股份、豫园商城以及浙江的凤凰化工。深圳证券交易所成立于 1990 年 12 月 1 日，并于 1991 年 7 月 3 日正式营业，其首批上市的股票有 5 只，此谓深圳"老五股"，即深发展、深万科、深宝安、深安达、深原野。在政府强有力的引导下，股份制试点企业不断增加，我国的股票发行规模也不断扩大，股票发行涉及的境内上市公司数（A、B 股）、境内上市外资公司数（B 股）和境外上市公司数（H 股）由 1992 年的 53 家、10 家和 0 家发展到 2009 年的 851 家、106 家和 43 家。

截至 2008 年 12 月 31 日，1624 家上市公司资产总额 487005 亿元，与 2007 年底资产总额 423323.24 亿元相比，增加 63682.02 亿元，增幅达 15.04%；2008 年度 1624 家上市公司共实现营业收入 113168 亿元，与 2007 年度营业收入 96899 亿元相比增加了 16269 亿元，增幅达 16.79%。1624 家上市公司中实现盈利公司 1370 家，占 84.36%；亏损公司 254 家，占 15.64%，与 2007 年年报亏损公司占 7.65% 相比，亏损面扩大了 7.99%，亏损公司中新增亏损公司 204 家，亏损增加的公司 35 家，减亏公司 15 家（见表 2 - 1 和图 2 - 1）。

表 2 - 1　1994 ~ 2008 年全国按股份类别划分的上市公司年末数量

年份	仅发 A 股	发 A、H 股	发 A、B 股	仅发 B 股	合计	A 股合计	B 股合计
1994	227	6	54	4	291	287	58
1995	242	11	58	12	323	311	70
1996	431	14	69	16	530	514	85
1997	627	17	76	25	745	720	101
1998	727	18	80	26	851	825	106

年份	仅发 A 股	发 A、H 股	发 A、B 股	仅发 B 股	合计	A 股合计	B 股合计
1999	822	19	82	26	949	923	108
2000	955	19	86	28	1088	1060	114
2001	1025	23	88	24	1160	1136	112
2002	1085	28	87	24	1224	1200	111
2003	1146	30	87	24	1287	1263	111
2004	1236	31	86	24	1377	1353	110
2005	1240	32	86	23	1381	1358	109
2006	1287	38	86	23	1434	1411	109
2007	1389	52	86	23	1550	1527	109
2008	1459	57	86	23	1625	1602	109

资料来源：《中国证券期货统计年鉴》（2009）。

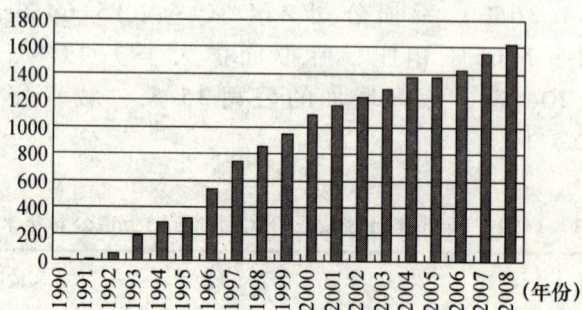

图 2 - 1　1990 ~ 2008 年上市公司数量

从股票市场筹资角度看，1992 年上市的股票成交量达到 36. 8978 亿股，其市价总值为 1048. 15 亿元。1998 年底股票总发行股本由 1992 年的 68. 87 亿股增加到 2526. 79 亿股，股票市价总值约为 19521. 81 亿元。到 2009 年底股票市价总值为 243939 亿元，是 1992 年的 233 倍（见表 2 - 2 和图 2 - 2）。

表 2 - 2　1992~2008 年 GDP 与股票市价总值的变动情况

单位：亿元

年份	GDP	市价总值	占 GDP%	流通市值	占 GDP%
1992	26638.1	1048.13	3.93	—	—
1993	34634.4	3531.01	10.20	—	—
1994	46759.4	3690.62	7.89	964.82	2.06
1995	58478.1	3474.60	5.94	937.94	1.60
1996	67884.6	9842.37	14.50	2867.03	4.22
1997	74772.4	17529.23	23.44	5204.43	6.96
1998	79552.8	19505.64	24.52	5745.59	7.22
1999	82054.0	26471.17	31.82	8213.97	9.87
2000	89404.0	48090.94	53.79	16087.52	17.99
2001	95933.0	43522.19	45.37	14463.16	15.08
2002	102398.0	38329.12	37.43	12484.55	12.19
2003	116694.0	42457.72	36.38	13178.52	11.29
2004	159587.0	37055.57	23.22	11688.64	8.56
2005	183957.0	32430.28	17.63	10630.51	5.78
2006	209407.0	89403.89	42.69	25003.64	11.94
2007	246619.0	327140.90	132.65	93064.35	37.74
2008	300670.0	121366.40	40.37	45213.90	15.04

资料来源：根据 1992~2009 年《中国统计年鉴》、《中国证券期货统计年鉴》和《中经网统计数据库》数据整理所得。

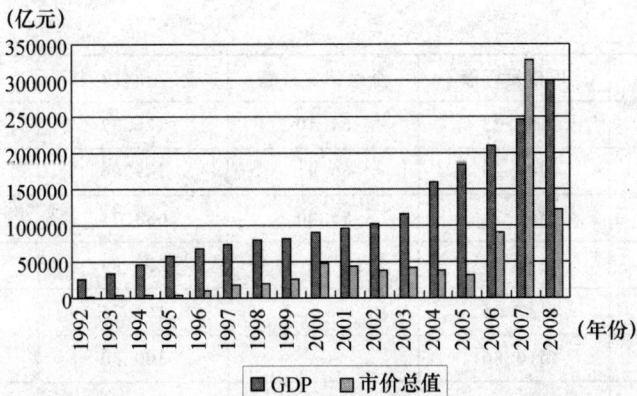

图 2 - 2　1992~2008 年 GDP 与股票市价总值变动情况

二、债券市场的发展现状

1990 年 12 月上海证券交易所成立，国债逐步进入交易所交易。随后，全国各地的证券交易所纷纷推出债券交易，场内市场交易逐渐活跃。2008 年底上证所上市债券现货品种共 189 只，比 2007 年底增加 39 只；上市国债现货 77 只，托管量 2497.19 亿元；企业债现货 79 只，托管量 296.93 亿元；公司债现货 21 只，托管量 329.13 亿元；可转债 12 只，托管量 86.78 亿元。深交所上市债券现券品种共 126 只，比 2007 年底增加 30 只。其中，上市国债 85 只；企业债 41 只，托管量 616.05 亿元；可转换债券 5 只，托管量 52.42 亿元。

1981 年 7 月国务院决定开始重新发行国家债券，以弥补日益扩大的财政赤字。紧接其后 1982 年和 1984 年，最初的企业债券和金融债券也开始发行。1981～1984 年，国库券每年的发行规模大致为 40 亿元人民币；1985～1986 年，每年的发行规模约为 60 亿元人民币。2008 全年，深交所国债现券成交 46.63 亿元，比 2007 年增加 41.55 亿元，增幅为 817.91%；企业债现券成交 323.69 亿元；可转换债券成交 140.54 亿元。2008 年交易所债券总成交达 510.86 亿元，比 2007 年同期增加 243.02 亿元，增幅为 90.73%。到 2009 年底各类债券成交量为 288911.87 万手，成交额到达 28601.49 亿元（见表 2－3 和图 2－3）。

表 2－3　中国历年债券市场概况统计（1990～2008 年）

单位：亿元

年份	国债发行额	金融债发行额	企业债发行额	债券发行总额
1990	197.23	64.40	126.37	388.00
1991	281.25	66.91	249.96	598.12
1992	460.78	55.00	683.71	1199.49
1993	381.31	—	235.84	617.15
1994	1137.55	—	161.75	1299.30
1995	1510.86		300.80	1811.66
1996	1847.77	1055.60	268.92	3172.29
1997	2411.79	1431.50	255.23	4098.52

续表

年份	国债发行额	金融债发行额	企业债发行额	债券发行总额
1998	3808.77	1950.23	147.89	5906.89
1999	4015.00	1800.89	158.20	5974.09
2000	4657.00	1645.00	83.00	6385.00
2001	4884.00	2590.00	147.00	7621.00
2002	5934.30	3075.00	325.00	9334.30
2003	6280.10	4561.40	358.00	11199.50
2004	6923.90	5008.70	327.00	12259.60
2005	7042.00	6818.00	2046.50	15906.50
2006	8883.30	9520.00	3938.30	22341.60
2007	23139.10	11912.90	5058.50	40110.50
2008	8558.20	10822.98	8435.40	27816.58

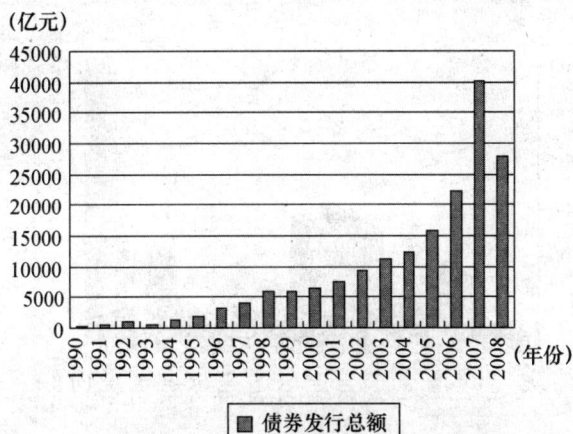

图 2－3　1990～2008 年债券发行总额

资料来源：根据 1990～2009 年《中国证券期货统计年鉴》整理所得。

三、基金市场的发展现状

1993 年 8 月，淄博乡镇企业基金在上海证券交易所挂牌交易，成为第一只上市交易的投资基金。1997 年 10 月，《证券投资基金管理暂行办法》的实行成为了基金业发展的分水岭，1998 年 3 月，金泰、开元证券投资基金的设立，标志着规范的证券投资基金开始成为中国基金业的主导方向。在稳步扩大公募基金管理规模的同时，我国加大力度支持固定收益类货币市场基金、债券基金、创新封闭式基金的发行，重点加快债券基金的审核进度，着力解决公募基金中高风险股票类基金占比高、低风险产品不足的结构问题。截至 2008 年 12 月底，完成募集的 A 股基金共 89 只，募集规模 1687.46 亿元，其中债券型基金 36 只，募集规模 1058.76 亿元，占募集总规模的 63%。到 2009 年 8 月底，共有 60 家基金管理公司管理了 32 只契约型封闭式证券投资基金和 566 只开放式基金，并出现积极成长型、成长型、稳健成长型、增值型、收益型、平衡型、价值优化型、价值投资型、增强指数型、完全复制指数型、中小企业成长型等多种投资风格类型。

从募集资金来看，2008 年完成募集的 A 股基金共 89 只，募集规模 1687.46 亿元，其中债券型基金 36 只，募集规模 1058.76 亿元，占募集总规模的 63%。2009 年底证券所已经拥有证券投资基金 439 只，规模为 25741.79 亿元，成交金额达到 5831.06 亿元（见图 2-4）。

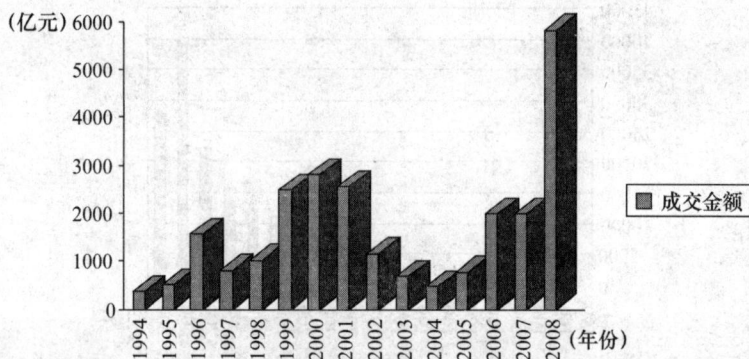

图 2-4 1994~2008 年基金成交金额

资料来源：根据 1990~2009 年《中国证券期货统计年鉴》整理所得。

第四节 我国资本市场结构的功能现状

20 世纪 90 年代以来，我国资本市场得到了长足的发展，伴随着我国股票市场、债券市场和基金市场的快速发展，其功能也发生着积极和负面的变化。为此，认识我国资本市场结构的功能变迁对于其结构的优化具有重要的意义。总的来说，上述三大市场的功能变迁和定位可以概述如下。

一、股票市场的功能现状

自1990年上海和深圳两个证券交易所建立以来，我国股票市场取得了显著的发展。实践证明，我国股票市场从无到有，从小到大，在改善融资结构、优化资源配置、促进经济发展等方面已经发挥了重要作用。但是，毋庸讳言，我国股票市场总体上说是一个转轨中的新兴股票市场，一方面具有新兴市场的共同特征——欠规范、欠成熟和欠发达，另一方面又具有非常显著的体制转轨经济的特殊性。因此，我国股票市场的功能在履行其本原职能的同时强化和异化了股票市场的职能。具体表现在以下几个方面。

1. 融资功能的强化与异化

在我国股票市场的发展过程中，其融资功能得到了淋漓尽致的发挥，但融资功能的发挥在相当程度上仍是计划性的，严重忽视非国有经济的资金需求是我国股票市场融资功能异化的一个重要表现。

（1）"融资主导"与"投资主导"。

股票市场作为储蓄向投资转换的重要渠道，在融资者和投资者之间发挥着媒介作用：融资者通过股票市场发行股票筹集所需要的资金，投资者将剩余的资金投资到风险收益水平适当的企业中。

成熟市场经济国家的股票市场并不是一个筹集资金的市场，融资已经成为一种越来越居于次要地位的股票市场功能。股票市场的基本职能转换为：资源优化配置的场所与投资者的投资市场。

作为转轨中的新兴市场，我国股票市场应当有一个市场规模扩大的时期，企业的融资需求也相对迫切，但是仅仅关注股票市场的融资功能，甚至仅仅关注国有企业和国有经济筹资，必然会导致市场各项功能发挥的严重非均衡。这种长期的非均衡必然最终威胁到股票市场融资功能的有效性。我国的股票市场在政府种种政策的保驾护航下，为国有企业融资的功能一度发挥得相当成功。但是股票市场缺乏投资价值的问题也日益突出，直接影响到股票市场对投资者的吸引。如果不能及时将股票市场的主要功能转向为投资者提供高效率的投资渠道，已有的融资功能可能也会难以为继，并且会在股票市场酝酿相当大的风险。

（2）融资歧视。

过分强调运用计划性的管制措施为效率不高的国有企业筹集资金是我国股票市场融资功能的又一异化。回顾我国股票市场的发展历程，它之所以能在 20 世纪 80 年代计划经济的体制和意识形态中萌芽、立足和生存，应归功于其筹集资金的功能；之所以能在 90 年代得到政府的正式承认并有意识地加以运用，也应归功于其直接、有效的融资功能，特别是为国有企业和国有经济筹资的功能。1992 年邓小平同志南方视察谈话后，在政府的刻意推动下，我国股票市场进入了一个快速发展时期，其融资功能得到了淋漓尽致的发挥。在过去的近 20 年时间中，我国的股票市场取得的长足发展是与它为国有企业和国有经济融资的功能定位及融资功能的充分发挥分不开的。历史地看，这样的功能定位有其必然性，也是制度设计者回避了尖锐的矛盾冲突，被迫选择的成本最小且是唯一可能获得成功的市场定位。

诚然，筹集资金是股票市场最基本的功能，但是融资功能不可能脱离其他功能（如价格发现功能和资源配置功能等）而孤立地发挥作用。现实中，无论是管理层、政府部门，还是上市公司，都把上市作为一种筹集低成本的资金来源来使用，这实际上是中国股票市场在一个特殊时期产生的特殊现象。这种现象产生的根源是传统计划经济体制。传统计划体制以短缺为基本特征，资金作为一种资源，尤其显得短缺。所以，无论得自何方，无论成本多高，只要得到就是成功。再加上存在着"赖账机制"，企业很少考虑资金的成本以及资金的来源结构对企业运行的影响。于是，定位主要是为国有企业和国有经济筹集资金的股票市场，在成功推动股票市场融资功能的发挥后，由于股票市场的价格发现功能和资源配置功能等难以相应地发挥出来，企业从股票市场上筹集到的资金得不到高效与合理的利用。单纯的融资功能的消极性已经逐步显现出来。一些国有企业把股票市场完全当做"圈钱"的场所，重融资、轻改制是这种市场定位的必然结果。

改革开放以来，我国经济增长的宏观格局在所有制构成和企业规模构成方面发生了非常显著的变化。从所有制构成看，国有经济的产出份额越来越小，非国有经济逐渐成为经济增长的主体。尽管国有经济在投资领域一直占主体地位，并获得各类形式的资金投入和补贴以及金融机构的融资倾斜，1979 年以后我国国有经济的产出份额和就业比例仍呈显著下降趋势，利润下降、增长缓慢及高额亏损始终是国有经济面临的突出问题。与之相反，尽管非国有经济在投资中所占的份额不足一半，并且面临着正规金融市场的融资歧视，但非国有经济仍逐渐成为最具活力的主要增长点，也是国有经济存量重组的主要支撑点。

尽管《证券法》规定"国家鼓励符合产业政策同时又符合上市条件的公司股票上市交易"，但实际上非公有制企业很难得到股票上市额度，缺乏直接融资通道。随着政策对民营企业的放宽，股票市场有以民营企业为主要发起人的上市公司，但在深沪股票市场上直接上市的民营企业仍不多，通过买壳而间接上市的民营企业较多一些。一些具有民营色彩的企业为了达到上市的目的，采取挂靠主管部门、改变所有制性质等办法，很多企业在改制上市后，造成产权不清等后遗症。非公有制经济是我国最具活力、效率最高的经济成分。按照资源优化配置的原则，它们应该获得更多的资金支持。因此，以国有经济和大中型国有企业为导向的股票市场融资定位是与新的经济增长格局和投资绩效倒置的，这种倒置必然带来股票市场配置资源效率的损失。

（3）恶意融资。

所谓恶意融资就是那种不是为了需求公司价值最大化，而是为了其他目的，特别是为了攫取公司利益相关者——主要是流通股股东、债权人以及员工合法权益而进行的不计成本和风险的融资行为。恶意融资的"恶意"，主要表现在以下几个方面：不符合融资条件，但通过做假或其他利润操纵手段获得融资资格；根本没有融资的必要，却仍然执意融资；虽然有融资的必要，但不考虑利益相关者的成本，以不恰当的方式进行融资，即融资的顺序依次是股权融资、发行可转换公司债券、债权融资和内源融资；融得资金后，不按照承诺的用途去使用资金，造成资金通过各种途径耗损，有的甚至被用来套取更多的资金。

我国上市公司之所以利用股票市场进行恶意融资，是因为拨、改、贷以及财政拨款的终止，使得企业行政性内源融资时期宣告终结，国有银行庞大的不良贷款又使企业的外源性融资陷入困境，股票市场的出现，股权融资便成为优势企业进行资本扩张的最佳选择。更主要的原因有两方面：第一，缺乏规范的股权结构和完善的治理结构。上市公司大股东的绝对控股使中小股东无力抗衡董事会的决议，难以对公司决策施加有效影响，而监事会成员大多来自企业，受董事会控制的程度较大。换言之，上市公司权利制衡机制的缺乏使得企业融资计划完全能按照内部控制人的意愿得以执行。这是上市公司恶意"圈钱"行为的内在根源。第二，缺乏完善的市场运作规范。应该说，股权融资是一种投资方、融资方与市场中介三方参与的行为。企业融资行为若不能符合资本最优化配置的基本要求，何以在股票市场畅通无阻地得以实施？归根结底，市场运作机制的不规范是上市公司恶意"圈钱"的外在根源。

（4）融资运行的非市场化管制。

理论上说，股票市场的融资功能提供的是一种市场化的融资渠道，这实际上包含了三个方面的含义：首先，融资功能的发挥必须是市场化的，是建立在资金使用者和资金拥有者自主选择的基础上的；其次，这种市场化的融资方式在完善的市场经济条件下常常被视为成本最高的资金来源渠道，因此并不能提供可以无偿使用的资金；最后，从国际经验看，无论是在发达国家，还是在新兴市场国家，在股票市场的诸多功能中，融资功能并不是一种主要的功能。

我国股票市场是一个被行政权力多重扭曲的市场。近20年来，我国股票市场一直呈现出行政主导性的特征，由于行政权力和行政机制的大规模介入，使得市场化的竞争机制不能有效地产生和发挥作用。竞争性发行机制的缺失使得企业所取得的在场内一级市场的股票发行权不是市场竞争的结果，而是行政"公关"和行政选择的结果，这就在源头上阻隔了企业走向市场竞争的道路，妨碍了竞争机制在股票市场上的产生、存在和作用。由此，使得我国股票市场成为了一轮又一轮的"圈钱"场所。

2. 我国股票市场资源配置功能的现状

（1）低效率配置与"逆向选择"。

在"路径依赖"条件下，制度变迁过程具有报酬递增与自我强化功能，这种初始条件与路径选择对融资制度演进的最终效率具有深远的影响。一般来讲，资金配置效率的提高意味着资金由效率低的部门流向效率高的部门，整个社会收益水平提高，同时收益的不确定性降低。而配置的中心问题是价格信号的准确性问题。股票市场是否能对上市公司的未来价值做出评价，其基本条件是股票价格必须反映上市公司效益高低的走向。

众所周知，股票市场应该是一个有效配置资源的地方。或者说，它应该将稀缺资源配置到最能为社会创造财富的企业中去。但股票市场的这种功能并不是自动实现的。如果股票市场的基本制度不健全，或作为股票市场制度基础的外部制度有问题，股票市场就很难完成这个功能，甚至出现"逆向配置"。资金无疑是我国目前最稀缺的资源，而我国上市公司从投资者手中募集的成千上万亿元的资金，是不是会创造出更多的财富？答案是否定的。据有关研究资料显示，大量的上市公司将募集来的宝贵资金用于在股票市场上委托理财，使大量资金在股票市场上空转，制造泡沫。

不仅如此，顽固植根于我国股票市场制度缺陷中的投机文化使得我国股票市场形成了另外一种恶性循环：越是随意"圈钱"，越是胡乱烧钱就越是出题材，投资者就越是愿意给它送钱。因此，大量劣质公司充斥股票市场，使得我国股票市场本来就为数较少的优质企业的生存空间日益狭窄，甚至出现所谓"劣币驱逐良币"的"逆向选择"。在这种投机文化的驱迫下，我国股票市场已经沦为彻头彻尾的"柠檬市场"（次品市场）。

（2）低配置效率与"逆向配置"的成因。

从我国股票市场的参与主体来看，我国股票市场是一个特殊的国有股票市场。我国的上市公司是国有的，交易所是国有的，券商是国有的，投资基金是国有的，参与投资的核心资金是国有的，唯一不是国有的，就是普通的中小投资者。因此，我国股票市场就犹如一个特大型国有企业，而且是负无限责任的国有企业。而国有企业之所以绩效不佳，是因其普遍的"预算软约束"。一是政府与企业之间有密切的行政联系，企业管理层往往兼有行政领导职能。二是企业与政府可以就财务状况进行事后的协商。我国股票市场这种无处不在的软约束特性，构成了我国股票市场独特的"食物链"现象：由上市公司、券商、"机构投资者"等所构成的强势集团在同时分享两份免费大餐：一份是在明处的中小投资者的财富，另一份是看不见但更加丰腴的（属于全体纳税人的）"社会资源"。这样，在我国股票市场存在"逆向配置"就不足为怪。

总的来说，其成因主要有以下两个方面：

第一，信息传递机制和价格形成机制的双重扭曲。由于我国股票市场的发展具有明显的"政策担保"与行政化的特点，股票价格并不能有效反映市场信息，而信息失真和市场参与各方信息之间的不对称，使得投资者不得不为之付出额外成本。在理性预期条件下，投资者的投资行为被演化为理性投机行为，人为地放大了市场中的"搏杀"机制，从而使我国股票市场不但信息传递机制发生扭曲，而且价格形成机制也不可避免地发生了扭曲。这种双重扭曲，使得市场价格无法有效引导社会资源向边际效率高的项目有序流动，进而弱化了股票市场的资源配置效率。

信息披露制度的失灵也是导致我国股票市场定价效率低下和资源配置功能弱化的直接原因。信息披露得真实、及时，才有可能形成公正、合理的股票市场价格，使市场定价效率保持在一个较高的水平上。但对于我国股票市场而言，上市公司信息披露中的虚假现象和股票市场的发展过程形影不离，上市公司的信息可得性和信息发布的及时性也存在很多问题。从市场的现实情况来看，这些问题的形成主要源于制度障碍、公司主体行为障碍而非技术障碍。上市公司信息披露中频繁发生的违规行为使市场的公信力被破坏，投资者对上市公司和市场的信心受到伤害，市场定价机制严重扭曲。这种被扭曲的股票定价机制，不仅不能有效指导增量金融资源的分配和存量资源的调整，反而会导致金融资源的"逆向配置"。

第二，市场操纵价格使股票价格与上市公司的基本面严重背离。纵观近些年来的股票市场，"庄家"一直大行其道。推动股价上扬的不是公司的经营成果和成长性，而是"庄家"炮制的各种概念、题材和虚无缥缈的"想象空间"。"庄家"经常与上市公司联手，利用掌握的内部信息或散布虚假信息肆意炒作某只股票，进行市场操纵。在这种情况下，股价被"庄家"玩弄于股掌之中，与上市公司的治理质量、经营业绩和内在价值完全脱节。股价严重背离上市公司基本面是市场定价效率和资源配置效率低下甚至"逆向配置"的直接的、基本的表现形式。

3. 我国股票市场的功能定位和制度创新

（1）功能定位：由"融资主导型"转向"投资主导型"或"资源配置型"。

我国股票市场现阶段的功能在现实运行中依然表现为片面的融

资定位。股票市场的这种功能定位，导致市场功能长期被锁定在融资层次上，股票市场本身所具有的投资功能和优化资源配置等功能则受到极大抑制。股票市场的这种单纯融资功能以及"利用"思维模式，致使市场上因制度缺陷引发的市场风险进一步放大，上市公司转轨不转制所导致的各种矛盾和问题凸显并成为了股票市场健康发展的严重阻碍，因此亟需对股票市场的功能进行定位调整。

在认识和评价我国股票市场的功能时，有两个误区应该注意：一是把市场融资规模作为主要的衡量标准，认为融资规模越大，市场功能越强，成绩越大。某种程度上说，这种认识并非完全没有道理，但上述认识要基于一个基本的前提，即所有的融资活动都是具有充分效率的。由于我国股票市场情况特殊，因而融资规模只对我国股票市场的规模和广度具有表征意义，而不能说明资本使用效率这种更深层次的东西。当市场所融资金使用处于低效率或无效率状态时，融资规模大不仅不是成绩而且是过失。二是把股价指数增幅视做一个衡量标志，认为股价指数增幅越大，市场的作用和成绩越大。从理论上说，股价指数与作为指数计算依据的采样股票的数量、价格等因素有关，并不直接反映上市公司手中的金融资源的配置效率，而且股价指数增幅较大，有时恰恰是股市泡沫大和投机过度的反映。

在当前上市公司整体经营效益不佳的情况下，不应再过分强调股票市场的融资功能，而应大力提倡投资功能、资源配置功能和制度创新功能。为此，必须矫正股票市场现有的功能定位，以制度创新和改革为契机，把企业素质、业绩和潜在发展能力作为公司能否上市的第一标准，让有发展潜力的企业成为国民经济和股票市场的基础。加强和完善股票市场的监督，确保投资者尤其是中小投资者的利益，严厉打击内幕交易和市场操纵等犯罪活动，加强对上市公司的监管，强化股票市场公平定价和优胜劣汰功能，使得符合国民经济健康、高效发展所需要的企业能够依托股票市场发展壮大。

即使从融资角度分析，也要努力矫正上市公司对股权融资的过分偏好，强化股权融资的成本约束和治理结构的约束力，在国有股减持的基础上发挥投资者"用手投票"和"用脚投票"机制，提高股权融资的成本。另一方面，引导和鼓励上市公司利用债务融资尤其是企业债券融资等融资形式创新债券融资工具，充分发挥债券融资在融资成本特别是公司治理结构方面的积极作用，以替代由国有企业改制而来的上市公司上的"缺位"，更好地调整上市公司的资本结构和治理结构。

（2）制度创新：由"政府强制性"向"市场诱致性"转换。

从新制度经济学角度分析，我国股票市场的产生、发展与完善表现为一种股票市场制度创新的过程，即股票市场的制度安排由均衡到非均衡再到新的均衡的演变过程。按照动力、方式和过程的不同，制度创新可分为两种基本形式，即诱致性变迁和强制性变迁。成熟的市场经济国家一般采用的是诱致性变迁模式。

我国股票市场的产生和发展并没有走西方国家股票市场自然发育的道路，而是选择了赶超式发展模式，这就在于政府扮演着主导作用——提供制度变迁的方案，并具体实施和控制证券融资的组织化、制度化进程。政府主导型证券制度，通过政府的强制性制度变迁，可以在短时期内迅速地将股票市场制度的基本框架建立起来，以行政性长期契约关系降低信息成本与资本搜寻成本，在很大程度上降低了信息非对称性减少了谈判问题，弥补了有缺陷的市场结构。但政府的制度安排和股票市场内在的运作规律存在一定差异，这一差异正是股票市场效率损耗的制度根源。

转轨中的新兴股票市场基本上采取的是强制性变迁模式，这是由国家推动股票市场发展的"路径依赖"以及创新动力、创新方式决定的。我国在股票市场成长的实践过程中，为其他国家提供了一个新的制度变迁的范例，即政府引导、市场跟进的制度变迁模式，也可称为"半强制性制度变迁"。为了实现制度的创新，政府首先进行引导，通过舆论宣传、培训与辅导、窗口指导等手段进行提示，诱发微观经济主体的创新动机；其次是市场跟进阶段，市场中的微观经济主体从政府的诱导中得到信号，于是明确了制度变迁的方向，并产生了推动制度变迁的动机，通过学习、试验、内部试行、酝酿准备等手段来积累创新因素，为新制度准备条件；最后，政府待各种条件比较成熟后，便推动新制度的实施，主要手段有制定规则、推出方案、进行试点等。在这种强制性或半强制性的制度创新下，我国股票市场得以迅速建立，实现了传统信用条件下银行主导融资制度向现代市场经济条件下证券融资制度的有力切换。但是，由于我国股票市场的种种制度安排是从计划经济体制中产生和发展起来的，缺乏成熟市场经济下的基础性制度安排（民商法、契约观念等），这使得我国股票市场的制度变迁带有浓厚的经济体制烙印，而我国股票市场初始的融资制度安排便是这种计划经济体制烙印最明显的体现。正是这种以政府的强制性推动为特征的制度变迁，引致了我国股票市场的制度缺陷，产生了政府主导型外在制度安排与股票市场发展内生规律之间的矛盾与摩擦，进一步导致了我国股票市场的低效率。

在政府推进股票市场制度建设，并提供"隐性担保"的前提下，市场边界与政府行为边界的界定不清，结果只能是：市场风险转嫁给国家，转化为系统性风险；政府的体制性风险内嵌于市场之中，并由市场自身消化。所以，对当前的股票市场制度创新来说，要消解制度缺陷、降低制度风险，通过制度创新途径提高股票市场效率，应该采取标本兼治的措施。治本就是解除政府对股票市场的"隐性担保"契约，将本该社会承担的风险从政府手中分散出去，实现市场风险社会化；治标的措施是降低上市公司、机构投资者等利益主体的预期寻租收益，提高其寻租成本，从而化解其机会主义行为动机。在制度创新的途径选择上，可考虑以下思路：

1）合理定位政府在股票市场发展中的角色。政府要充分发挥其在制度创新方面的能动性，但要严格界定政府行为与市场行为的边界，防止政府对市场功能的过度替代。近些年来，政府的确在不断地推行一些具体措施，为股票市场制度的进一步变迁做准备。但是，制度变迁的真正完成往往是耗时甚久的一个过程，政府的种种准备性举措也需假以时日才能见其成效。因此，股票市场的制度风险在今后相当长的时期里仍会以目前的性质和状态存续、累积和发展。这一方面给政府改革变迁以压力，另一方面也造成市场不确定性的加剧和市场主体未来预期的弱化，从而为制度变迁的顺利展开增加阻力。这就要求作为强制性主体的政府在推动制度变迁的同时合理掌握变迁的进度和力度，坚持定位适度性、方向性和过程稳健性三大原则。

2）股票市场必须以市场发展为导向。"将市场还给市场"，充分发挥市场机制作用，以市场"信号"为有效传导，通过市场运行机制与定价机制提高股票市场的资源配置效率。

3）推进股票市场监管的市场化。当前的重点是要调整好市场管理层的行为机制和行为方式，以建立起有效的市场主体秩序、行为秩序和监管秩序。监管部门必须真正地把保护中小投资者利益作为工作出发点，把预防和惩处市场操纵或欺诈行为作为主要目标，把保护市场的流动性、透明性和有效性作为监管重点，才能真正实现股票市场的公平、公正、公开和公信原则。

4）寻求股票市场可持续发展。稳健有效地解决国有股和法人股问题；完善和规范中小板及创业板市场，发展场外市场与衍生金融工具市场，建立健全多层次的股票市场体系；优化投资者结构，合理培育和规范发展机构投资者。

二、债券市场的功能现状

债券作为一种金融工具，可以从多个角度来理解。我国的债券市场总的来说，主要包括国债市场、金融债券市场和企业债券市场。债券市场在宏观经济中的地位日趋重要，债券市场中的发行和交易是财政和货币政策发挥作用的重要途径，债券交易价格形成的收益率曲线是金融产品收益水平计算和衡量的基准。我国债券市场是从 20 世纪 80 年代末 90 年代初开始逐步发展起来，从其发展经历和规模来看，主要可分为以交易所场内市场为主和以银行间场外市场为主的两个阶段。

我国政府 1981 年恢复发行国债是债券市场发展的新开端。当时债券发行量小，并采取限购以及行政摊派方式，同时也没有法定的国债二级市场进行流通。1985 年大的商业银行和信托投资公司获得批准发行金融债券，它们成为了国债发行新的主体；1987 年中国人民银行和财政部开始了国债柜台交易试点，这些均表明国家对国债支持力度的增加。同时，在 1987 年国务院颁布了《企业债管理暂行规定》，正式将企业债券的发行纳入资金计划，企业债券开始发行与交易。此时在没有统一货币市场的基础上发展的债券市场处于分散、监管不健全的阶段。尤其是债券发行采取行政摊派方式、几乎没有交易、流动性不强、投资者积极性不高，可以说并没有形成真正意义上的国债市场。金融债券的发行也以失败告终，企业债券也由于缺乏管理而出现债务危机。1988 年初，国家批准首先在 7 个城市进行国债流通转让试点，开始了银行柜台现券交易。试点地区的财政和银行部门分别成立了证券公司或国债服务部，其职责是办理投资人买卖国债业务。同年 6 月，我国又批准了 54 个大中城市进行国库券流通转让的试点工作，这是中国债券市场的开端，由此标志着我国债券市场的正式建立。

1990 年 12 月上海证券交易所成立，国债逐步进入交易所交易。随后，全国各地的证券交易所纷纷推出债券交易，场内市场交易逐渐活跃。1993 年，在证券公司和商业银行等机构之间出现了大量的国债回购交易；同时，上海证券交易所也推出国债期货试点。由于缺乏全国统一的国债托管结算系统，各地出现了大量的国债买空、卖空、挪券和假回购等违规行为。从 1994 年下半年开始，国家开始对各地分散的证券交易场所进行清理整顿，将国债交易集中到上海和深圳两个证券交易所进行，场内市场快速发展，国债期货交易也异常火爆。

1996 年，上海证券交易所爆发了"3·27"国债期货事件，国债期货试点以失败告终。1997 年上半年，股票市场过热，大量银行资金通过各种渠道违规流入股票市场，其中交易所的债券回购成为了银行资金进入股票市场的重要渠道。1997 年 6 月，根据国务院统一部署，中国人民银行发布了《关于各商业银行停止在证券交易所证券回购及现券交易的通知》，要求商业银行退出上海和深圳交易所市场，将托管在交易所的债券全部转到中央结算公司，并通过全国银行间同业拆借中心（以下简称同业拆借中心）提供的交易系统进行交易。1997 年 6 月 16 日，同业拆借中心开始办理银行间债券回购和现券交易，标志着全国银行间债券市场的正式运转。市场运行初期，由于交易主体单一、投资者不熟悉场外市场交易方式等原因，市场流动性非常差。直到 2000 年，债券交易仍主要通过场内市场进行。

2000 年，随着人民银行制定的市场发展政策措施逐步到位，银行间债券市场进入了快速发展轨道。特别是 2002 年债券结算代理面向非金融机构开放，以及准入备案制的实施，众多非金融机构投资者进入市场，银行间债券市场参与者数量迅速增长，债券交易量也开始大幅增加。2001 年，银行间债券市场年交易量首次超过交易所市场，之后一直保持着 70% 以上的市场份额，我国债券市场以场外市场为主的格局初步形成。

国债发行的基本目标是满足筹措资金的需要。筹资可能是为了直接弥补财政赤字，也可能是为了投资特定的建设项目。政府筹资的需要包括举借新债和借新还旧两方面。因此，政府发债的目标主要基于：弥补赤字、偿还到期旧债和投资。具体来说，政府筹资不一定完全是为了弥补财政赤字，因此政府债务主管部门还应考虑其他多方面的因素。例如，支持中央银行的货币政策，通过向非银行金融机构出售中长期债券，政府可以吸收一部分过剩流动性（即多余的流动）货币。此外，政府还可能出于其他目的发债，如支持国内机构的投资；或者为了保障国家社保基金对收益人的支付；或者为了帮助国有银行达到存款准备金要求；或者为了基础设施提供资金。还有，为扩大内需、减轻经济周期的不利影响，政府也常常主动采取发债型的扩张性财政政策。例如，1997 年和 1999 年两年间，银行将部分不良贷款（NPL）交给资产管理公司处置，一些资产管理公司的资金来源就是财政部的国债发行款。还有，20 世纪 90 年代末，中国为实施积极的财政政策发行了大量专项国债用以支持国家发展和改革委员会选定的建设项目。

　　我国企业债券市场的发展大致经历了两个阶段，1985～2000 年是起步阶段，这一阶段债券市场初步建立，但债券发行、交易、信息披露等规章制度并不完善，市场较混乱；2000 年至今是债券市场的发展阶段，金融市场改革力度加大，债券品种不断创新，规章制度逐步完善。2000 年以前，企业发行的短期融资券是企业筹措短期资金的重要工具。1992 年，我国短期融资券发行额达228 亿元，达到发行高峰。1997 年，部分企业短期融资券不能按期兑付的信用风险逐渐暴露，之后人民银行再未审批短期融资券的发行，企业短期融资券暂时退出市场。2000 年以后，我国企业债券市场重新崛起，发行规模和市场结构均出现迅速发展，机构投资人成为投资主力。

　　2004 年，国家发展和改革委员会完善和规范了企业债券的发行程序，加强和改进了债券管理，防范、化解兑付风险。在中华人民共和国境内注册登记的具有法人资格的企业均可申请发行企业债券。适用《公司法》关于发行公司债券有关规定的企业，按照《公司法》的要求申请发行公司债券。根据《企业债券管理条例》，国家发展和改革委员会按照先核定企业债券发行规模，再批准企业债券发行方案的方式，组织和实施企业债券发行的审批工作。

　　2005 年，《短期融资券管理》办法出台。同年 5 月 26 日，中国国际航空股份有限公司等 5 家企业首次在银行间以簿记建档方式发行 7 只短期融资券。短期融资券的期限在一年以内，企业发行短期融资券应在交易商协会注册，企业发行短期融资券所募集的资金应用于企业生产经营活动，相对灵活，并且发行短期融资券无担保要求。

2007 年 8 月，《公司债券发行试点办法》公布施行，企业申请发行公司债券应当经中国证券监督管理委员会核准。长江电力发行不超过 80 亿元公司债券及第一期发行 40 亿元公司债券的申请于 2007 年 9 月 18 日获得中国证监会发审委审核通过。公司债券对担保没有强制要求，参与试点的"公司"范围仅限于沪深证券交易所上市的公司及发行境外上市外资股的境内股份有限公司。

2008 年，我国发展与改革委员会对企业债发行核准程序进行了简化，将先核定规模、后核准发行两个环节简化为直接核准发行一个环节。这解决了企业债审批难、期限长等弊端，并且降低了企业债的发行门槛，拓宽了募集资金的使用范围，大大提高了企业发债的积极性。目前，对公司发行企业债不再强制要求提供担保，在发行方式方面也鼓励发行人采用更加市场化的方式。

三、基金市场的功能变迁现状

1993 年以后，我国的一些大中城市开办了主要从事各种基金、债券交易转让业务的地方性证券交易中心，如天津、武汉、沈阳、大连、海南、南方等证券交易中心。原有的证券市场中介组织机构进一步朝着体系化、网络化、国内外开放化方向发展。在国内证券商的业务与分支机构跨地区发展的背景下，沪深两地证券交易所也迅速发展，功能扩大，逐渐朝着全国性的证券交易所方向发展。这两家证券交易所已从地方性的交易所成为全国性的交易所。1998 年，中国证监会开始推动基金业的发展。但是，在基金业发展初期，由于起步晚，各方面运作尚不成熟，市场的投机气氛浓厚，基金行业曾发生过一些违规行为，使行业发展遭受重大挫折。从 2000 年起，中国证监会提出"超常规发展机构投资者"，并将其作为改善资本市场投资者结构的重要举措。2002 年，中国证监会主导的基金审核制度渐进式市场化改革启动，监管部门简化审批程序，引入专家评审制度，使基金产品的审批过程渐趋制度化、透明化、专业化和规范化。从 2002 年初到 2005 年底，在市场整体下跌的环境下，市场化改革极大地释放了行业的潜能，基金资产规模从 800 亿元增长到 5000 多亿元，基金持股市值占流通股的比重从 5% 增长到近 20%。2006 年，全年新募集基金 4028 亿元，接近以往 8 年新募集基金规模的总和，2007 年基金资产规模总和达 3.1 万亿元。同时，行业运作的规范化、透明化程度得到加强，社会公信力初步建立。改革所引入的市场竞争机制，激发了基金管理公司的创新能力，服务质量大幅提升。2002 年以来，中国基金业推出了成熟市场中绝大多数的主流基金产品，丰富了投资者的选择。

第三章 我国资本市场结构的功能绩效评价理论基础

第一节 资本市场总体功能绩效评价的理论概述

一、资本市场有效性假说

早在有效市场假说被正式提出以前，人们就已经观测到证券价格随机波动的特性。最早对资产价格行为模式进行研究的学者是法国数学家 Louis Bachelier，在他的博士论文《投机理论》中，发展了一个复杂的投机价格数学理论，随后，他用法国政府债券的定价检验了这个理论，并发现这些价格与"随机游走"模型一致。在 Bachelier 之后，Working（1934）、Cowles 和 Jones（1937）及 Kendall（1953）等的一系列研究相继发现，证券资产价格变化的时间序列自相关系数基本为零，价格没有确定性模式可循，可以用"随机行走"（Random Walk）来描述。

在大量实证检验的基础上，经济学家们开始寻找导致价格随机波动特性的内在原因。1970 年，在 Paul Samuelson（1965）、Mandelbrot（1966）理论研究的基础上，美国著名的金融学家 Fama 正式提出了有效市场假说（Efficient Market Hypothesis）。根据 Fama（1970）的定义，如果一个市场当中的价格总能及时、充分地反映全部可得信息，那么这个市场就是"有效率"的。由于信息流是随机不可预测的，所以价格波动就相应表现出随机性。在 Fama

（1970）这篇论文中，正式提出了一个被广为接受的有效市场定义：如果在一个证券市场中，价格完全反映了所有可获得（利用）的信息，每一种证券的价格都永远等于其投资价值，那么就称这样的市场为有效市场（或者说我们认为市场达到了市场有效性，每一种证券都是按公平价格出售，任何谋略寻找被错误估值证券的努力都是徒劳的。从经济学意义上讲，市场有效性是指没有人能持续获得超额利润）。Fama 根据信息的可获得程度将有效市场划分为以下三个层次：

弱势有效市场（Weak form Efficient Market），它是有效市场的最低层次。在弱势有效市场中，投资者不可能从股票历史价格数据中发现被错误定价的股票，并通过买卖这些股票来获利。股票价格已经根据这些信息做了相应的调整。但在弱势有效市场中，投资者不可能运用这些技术分析来寻找获取超额收益的机会。投资者只能获得与所承担风险相对应的正常收益，而无法利用过去的证券价格分析去获得超额利润。在弱势有效市场中，股票价格变动与其历史行为方式是独立的，所以其股价变动的历史时间序列数据呈现出"随机游走"形态。

半强势有效市场（Semi–strong form Efficient Market），它是有效市场的第二层次。其特征是：证券的现行价格反映了所有已公开的信息，这些信息不仅包括证券价格和交易量等历史信息，而且包括所有公开发表的最新信息，如公司收益、股利分配拆股和利率、汇率等宏观指标。在半强势有效市场上，证券价格会迅速、准确地对新信息进行及时而充分的调整，使所有相关公开信息都充分地反映在价格中，投资者不能利用任何公开信息赚取超常利润，这也意味着在一个半强势有效的市场上基本面分析失效。

强势有效市场（Strong form Efficient Market），它是有效市场的最高层次。其特征是：证券的价格充分反映了已公开和未公开的所有信息，这些信息不仅包括历史信息和公开信息，而且包括内幕信息和私人信息。因此，在强势有效市场上，投资者即使掌握内幕信息也无法获得超额收益，这意味着在一个强势有效市场上任何分析都将失效。

二、资本市场有效性假说检验

根据 Fama 的定义，如果市场中的价格已充分反映了可得信息，那么这个市场就是有效的。其中，弱有效（Weak form Efficient）是有效市场的第一个层次，如果当前价格已完全反映了过去的价格信息，那么这就是弱有效。弱有效假说的推论就是过去的价格对未来价格没有预测能力，人们无法根据过去的价格信息进行有价值的预测。弱有效假说的数学表达式为：

$$E\ (X_{t+1}\mid \phi_t)\ =X_t$$

其中，ϕ_t 表示 t 时刻的价格信息集。由这个表达式可以看出，弱有效过程是一个鞍过程，即弱有效与鞍过程是等价的。很显然，仅根据这个鞍性质是很难进行实证检验的，所以传统上是对具有鞍性质的"随机游走"模型进行检验。

一般地，设 P_t 表示 t 时刻的价格，设 r_t 表示对数收益率，$r_t = \ln P_t - \ln P_{t-1}$，那么弱有效市场的价格可以用如下"随机游走"模型来描述：

$$P_t = P_{t-1} + \varepsilon_t$$

其中，ε_t 表示一个随机变量；或 $r_t = \varepsilon_t$，此时 ε_t 是对数形式。根据对随机变量 ε_t 的不同假定，形成了如下三种不同的"随机游走"模型：

（RW1）ε_t 是独立同分布的，$E\varepsilon_t = 0$，$Vat\ (\varepsilon_t) = \delta^2$，$Cov\ (\varepsilon_s\varepsilon_m)\ = 0$。

（RW2）ε_t 是独立的，但分布不一定相同。

（RW3）ε_t 是不相关的，即只要求 $Cov\ (\varepsilon_s\varepsilon_m)\ = 0$，$s \neq m$。

可以看出，从 RW1 到 RW3，模型对 ε_t 的要求越来越弱。

根据以上三种不同的"随机游走"模型，计量检验的方法也有不同。RW1 模型要求残差项独立、同分布，因此传统上常采用自相关系数检验和游程检验等方法；由于在不假设同分布的情况下去检验序列的独立性是相当困难的，因此对 RW2 模型一直没有合适的检验方法，虽然有文献采用过滤法则或技术分析方法来检验序列的随机性，但这两种方法都很难进行严格的统计显著性检验。至于 RW3 模型，由于没有独立、同分布的要求，只对序列的自相关性进行检验，因此目前最常用的是方差比检验。

1. 自相关检验

如果一个时间序列是"随机游走"的，那么序列自相关现象应当不存在或者说自相关系数很弱。因此，对"随机游走"模型最直接的检验方法就是看序列的自相关程度，如果样本自相关系数为零，那么就无法拒绝"随机游走"假设。定义自相关系数为：

$$\rho_k = \frac{Cov~(r_t,~r_{t-k})}{Var~(r_t)}$$

其中，k 为滞后期数。那么，统计量 x 的渐近分布为一个标准正态分布：

$$\chi = \frac{n}{\sqrt{n-k}} \hat{\rho}_k \xrightarrow{a} N~(0,~1)$$

如果要对所有滞后期的自相关系数进行同时为零的联合检验，就要使用 Ljung－Box（1978）Q 统计量：

$$Q_m = n~(n+2) \sum_{k=1}^{m} \frac{\hat{\rho}_k^2}{n-k}$$

在独立、同分布假设下，Q 服从自由度为 m 的卡方分布：

$$Q - \chi^2~(m)$$

其中，m 是最大滞后期数。

如果序列服从"随机游走"，则统计量 Q 均接近 0，可证 Q 统计量服从自由度为 m 的卡方分布。因而，在给定显著性水平下，当统计量的绝对值大于临界值，则拒绝原假设，认为该序列不符合"随机游走"模型，市场未达到弱势有效；反之则认为市场达到弱势有效。

2. 异方差检验

自 Engle（1982）以后，大量的实证已经发现，金融资产的收益率序列常常存在波动集群性（Volatility Clustering），其外在表现为随机扰动项往往在大幅度波动之后伴随着较大幅度的波动，而在较小幅度波动之后紧接着较小幅度的波动。这种波动集群性特征明显是序列存在异方差的证据。前文已经提到，在三类"随机游走"模型中，第二类和第三类"随机游走"模型允许存在异方差情况。因此，如果我们能在对回报率序列建模之前先进行异方差检验，则可以有针对性地选择某一类"随机游走"模型，增强结论的说服力。

对收益率序列是否存在条件异方差效应（ARCH）进行检验，通常采用 Engle（1982）提出的拉格朗日乘数检验法，简称 LM 检验。LM 检验的一般方法是先对收益率序列进行 AR（c）自回归估计，得到拟合优度 R^2，在不存在 ARCH 的原假设下，统计量 nR^2 服从于自由度为 q 的 χ^2 分布，在选定的显著性水平下，当 n 扩值大于 χ^2 分布的临界值时，则拒绝不存在 ARCH 的原假设，即认为存在 ARCH 效应。

3. 游程检验

　　游程检验作为一种非参数检验方法，通过检验序列中是否存在自相关性，以检验该序列是否是随机的。如果序列的游程数显著小于随机序列游程数的数学期望，则说明该序列呈现出持续的随趋势变动的特征，具有正的自相关性，容易发生同方向的持续变化；反之，如果该序列的游程数显著大于随机序列游程数的数学期望，则说明该序列具有负的自相关性，呈现出反转和均值回复的特征。如果价格变化是随机的，那么实际游程数应与游程数的期望值相同。如果两者相差不大即可判断各期股价变动并无关联。反之，如果两者差异较大则可以认为各期股价的变动具有相依性。

　　一个游程就是一个相同的符号序列，如"＋＋＋"、"－－"等，符号序列"＋＋＋－－＋＋－"就包括了四个游程。在价格的变动值序列中，如果变动值为正数（即价格上升），则取"＋"；如果变动值为负数，则取"－"；如果变动值为零，则取"0"。由于游程检验是在独立、同分布的前提条件下进行的，所以游程检验可看作是针对 RW1"随机游走"模型的检验。

　　根据 Mood（1940）对游程检验的全面分析，设 n 个独立同分布的样本分别以概率 π_i（$\sum_1^q \pi_i = 1$，$i = 1，2，\cdots，q$）在 q 个可能的值中取值，回报率分为两种情况：$i = 1$ 表示回报率为正数的情况，$i = 2$ 表示回报率为负数的情况。

　　设 $N_{run}(i)$ 表示第 i 种符号的游程数，N_{run} 表示总游程数，则：
$$N_{run} = \sum N_{run}(i)$$
期望游程数：
$$E(N_{run}) = 2n\pi(1 - \pi) + \pi^2 + (1 - \pi)^2$$
其中，π 为符号取正的概率。统计量 Z 的渐近分布为标准正态分布：
$$Z = \frac{N_{run} - 2n\pi(1 - \pi)}{2\sqrt{n\pi(1 - \pi)(1 - 3\pi(1 - \pi))}} - aN(0,1)$$

4. 方差比检验

　　方差比检验的方法由 Lo 和 Mackinlay（1988）发展而来，这种方法的基本思想是，在一个"随机游走"序列中，长度为 q 期的收益率的方差应该是单期收益率方差的 q 倍。由于它是以随机变量独立为假设前提，而且给出了同方差和异方差下的统计量，所以这种检验方法可以分别针对 RW1 类型和 RW3 类型的"随机游走"模型进行检验，其最常用来对 RW3 类型"随机游走"模型进行检验。

设随机漫步模型为：

$$P_t = u + P_{t-1} + \varepsilon_t$$

其中，u 为漂移量。

相隔 q 期的对数差分形式为：

$$\ln P_{t+q} - \ln P_t = uq + \sum \varepsilon$$

写成收益率形式为：

$$r_{t+q}^q = uq + \sum \varepsilon$$

q 期收益率 r^q 有如下统计性质：

$$E(r^q) = uq, \quad Var(r^q) = \delta^2 q$$

我们定义方差比为：

$$VR(q) = \frac{Var(r_t^q)}{q \cdot Var(r_t)}$$

考虑 q = 2 的情况，

$$VR(2) = \frac{Var(r_t^2)}{2Var(r_t)} = \frac{Var(r_t + r_{t-1})}{2Var(r_t)} = \frac{2Var(r_t) + 2Cov(r_t, r_{t-1})}{2Var(r_t)}$$

$$VR(2) = 1 + 2\rho(1)$$

其中，ρ（1）为原收益率序列的一阶自相关系数。

推广到一般意义上，

$$R(q) = 1 + 2\sum_{k=1}^{q-1}\left(1 - \frac{k}{q}\right)\rho(k)$$

可见方差比实质上是原序列前（q - 1）阶自相关系数的线性组合，当自相关系数为零时，方差比 VR（q）= 1 在允许使用重叠数据的情况下，对应同方差假设和异方差假设下的统计量分别为：

A：$Z(q) = \dfrac{VR(q) - 1^a}{\varphi(q)^{1/2}} \sim N(0,1)$

其中，$\varphi(q) = \dfrac{2(2q-1)(q-1)}{3q(nq)}$

B：$Z^*(q) = \dfrac{VR(q) - 1^a}{\varphi^*(q)^{1/2}} \sim N(0,1)$

$$\varphi^*(q) = \sum_{j=1}^{q-1}\left[\frac{2(q-j)^2}{q}\right] \cdot \hat{\delta}(j)$$

$$\hat{\delta}(j) = \frac{\sum_{t=j+1}^{nq} (p_t - p_{t-1} - \hat{u})^2 (p_{t-j} - p_{t-j-1} - \hat{u})^2}{[(p_t - p_{t-1} - \hat{u})^2]^2}$$

5. 事件研究方法（中强势有效性检验）

对事件的定义：很显然，事件研究首先必须要明确定义要研究的是何种事件。事件可以是公司宣布盈利公告、股票分割等与单个公司有关的事件，也可以是宏观数据的公布、宏观政策的变化等宏观事件。

决定正常回报率模型和计算异常回报率：为了评价事件对价格的影响程度，需要对异常回报率进行度量。异常回报率指的是在事件窗口内证券的真实回报率超出正常回报率的部分，而正常回报率指的是在无事件发生的假设下证券价格的期望回报率。两者的关系可用下式表示：

$$AR_t = R_t - E(R_t)$$

其中：AR_t 代表异常回报率，R_t 代表真实的回报率，$E(R_t)$ 代表正常回报率。有两个被经常使用的正常回报率模型：常均值回报率模型和市场模型。常均值模型的一般表达式为：

$$R_t = \mu + \varepsilon_t, \quad E(\varepsilon_t) = 0, \quad Var(\varepsilon_t) = \delta^2$$

市场模型的一般表达式为：

$$R_t = \alpha + \beta R_{m,t} + \varepsilon_t, \quad E(\varepsilon_t) = 0, \quad Var(\varepsilon_t) = \delta^2$$

其中，$R_{m,t}$ 代表市场的回报率。一般来讲，以市场整体价格变化为对象的研究中多用常均值模型，而以单个证券价格为对象的研究中，采用市场模型的居多。

决定估计窗和事件窗：为了得到正常回报率模型中的参数值，需要使用某一段时间的样本数据进行回归估计，这一用来估计模型参数的时间段即为估计窗。事件窗则是取事件发生前后的一段时间，事件窗内的价格变化是事件研究的考察对象。

统计检验：设事件窗内每日的异常回报为：

$$AR_{i,t} = R_{i,t} - E(R_{i,t}) \qquad (i = 1, 2, \cdots, N)$$

其中，N 为事件总数。则每日累计异常回报率为：

$$\overline{CAR}_t = \frac{1}{N} \sum_{i=1}^{N} CAR_{i,t}$$

统计量 $t = \dfrac{\overline{CAR}_t}{\delta(\overline{CAR}_t)}$ 服从 N - d 的 t 分布。

第二节　我国股票市场功能绩效
评价的理论模型

一、股票市场影响经济增长的消费需求机制——股票的财富效应

财富效应（The Wealth Effect）最早由美国经济学家庇古提出的，故又称为"庇古效应"，或"实际余额效应"。它是现代社会发展过程中提出的新理念，指某种财富的累积存量达到一定规模后，必然产生对相关领域的传导效应或者是控制效应。股票的财富效应可以理解为，由于股票价格的上涨（或下跌），导致股票持有人财富的增长（或减少），进而促进（或抑制）消费增长，影响短期边际消费倾向（MPC），促进（或抑制）经济增长的效应。

假定经济中只存在两个部门——家庭和企业，即不存在政府和对外贸易部门。凯恩斯主义的消费函数可以表示为：

$$C = C_0 + bY_d = C_0 + bY$$

其中，C_0 代表计划消费量，b 代表边际消费倾向 MPC，Y_d 代表（个人）可支配收入，Y 代表国内生产总值 GDP。则有，$Y_d =$ Y，消费＋投资＝国内生产总值＝消费＋储蓄，即 C＋S＝Y＝C＋I。股票市场通过消费需求促进经济增长的传导机制主要表现在以下两个方面：

第一，假定长期边际消费倾向（Marginal Propensity to Consume，MPC）为常数时，"财富效应"通过股票价格的上涨（或下降）来影响居民实际可支配收入，刺激消费需求的增长，进而推动经济增长。如果股票价格上涨，一方面，使股票市场投资者直接获利，提高居民可支配收入，进而促进了消费需求增加；另一方面，股票价格上涨，改善了企业经营状况，提高了企业生产效率，降低了失业率，提高了居民可支配收入，进而促进了消费需求增加，即 P↑→（企业生产效率↑）→Y_d↑→C↑→经济增长。

第二，通过股票价格的上涨（或下降）来影响居民对未来收入的预期，改变居民的边际消费倾向 MPC，进而刺激消费需求的

增长，即 $P\uparrow\rightarrow$ 收入预期 $\uparrow\rightarrow$ 边际消费倾向 $MPC\uparrow\rightarrow Y_d\uparrow\rightarrow C\uparrow\rightarrow$
经济增长（见图 $3-1$）。

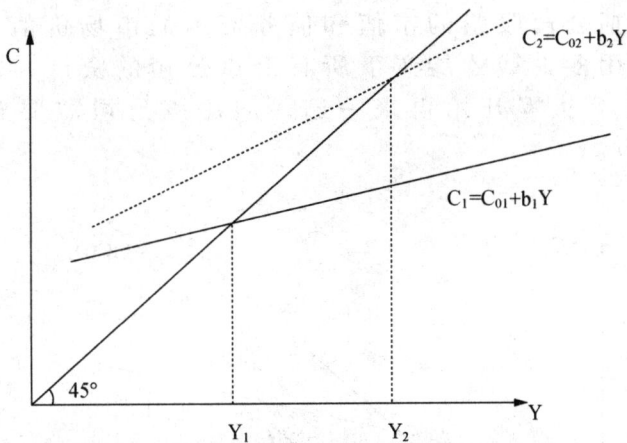

图 $3-1$　股票市场通过消费需求促进经济增长

C_1、C_{01}、b_1 分别代表原消费曲线、计划消费量和国民收入；
C_2、C_{02}、b_2 分别代表股票资产价格上涨的消费曲线、边际消费倾向 MPC 和国民收入。可以看出，在不考虑投资变化的情况下，股票价格的上涨使得消费曲线由 C_1 移向 C_2，产出水平也由原来的 Y_1 增加到 Y_2。

二、股票市场影响经济增长的投资需求机制——托宾的 Q 比率理论

在两部门经济条件下，计划支出（ $AE=C+I$ ）等于国民收入（ $Y=C+S$ ），从而投资 I 恒等于储蓄 S。股票市场的一个重要功能就是将经济体系中的储蓄不断转化为投资，促进投资需求的增长。诺贝尔经济学奖得主詹姆斯·托宾提出了著名的托宾 Q 理论。托宾的 Q 比率是指，公司市场价值 MV 与重置成本 RC 的比率： $Q=MV/RC$ 。当 $Q>1$ 时，说明企业的市场价值高于企业的重置成本，股票价值被高估，套利空间形成，逐利性会驱使股东抛售股票，资金将从金融市场流向产业市场。当 $Q=1$ 时，金融市场和产业市场的套利空间消失，资本将处于动态平衡状态。当 $Q<1$ 时，表示企业的重置成本高于企业的市场价值，价值被低估，资本将更愿

意投资金融产品。托宾的 Q 比率反映的是一个企业两种不同价值估计的比值。分子上的价值是金融市场上所说的公司值多少钱，分母中的价值是企业的"基本价值"——重置成本。公司的金融市场价值包括公司股票的市值和债务资本的市场价值。重置成本是指今天要用多少钱才能买下所有上市公司的资产，也就是指如果我们不得不从零开始再来一遍，创建该公司需要花费多少钱（见图 3－2）。

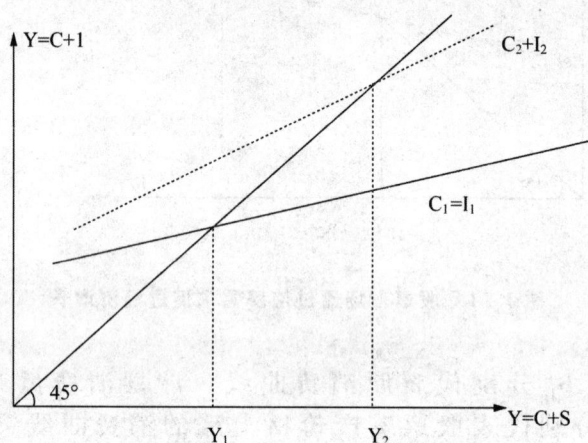

图 3－2　股票市场通过投资需求促进经济增长

根据托宾的 Q 比率理论的股票市场传导机制为：股票价格↑→Q↑→投资支出↑→总产出↑。

C_1 和 I_1 分别表示股票价格变化前的消费和投资；C_2 和 I_2 分别表示股票价格变化后的消费和投资。

第三节　我国债券市场功能绩效评价的理论模型

一、宏观变量对债券回报的回归分析法实证分析

由于影响国债价格的因素主要是与利率和物价水平有关的宏观

变量，因此理论界一直关注宏观变量对国债价格的预测能力。从有效市场假说的角度看，宏观经济变量是一种公开信息，属于半强势有效研究的范围。如果这些公开信息对国债价格有预测能力，则说明国债价格未能及时、充分地反映这些信息。换言之，国债市场未达到半强势有效层次；反之，则不能拒绝半强势有效的假设。

Modigliani – Sutch（1967）提出了如下模型：

$$R_t = a_0 + \beta_0 r_t + \sum_{i=1}^{n} \beta_i r_{t-i} + \varepsilon_i$$

其中，R_t 代表长期国债的到期收益率，r_t 代表市场短期利率。用以检验短期利率的滞后项对长期国债到期收益率的预测能力。在这一模型的基础上，Modigliani – Shiller（1973）进行了扩展，提出了如下模型：

$$R_t = a_0 + \beta_0 r_t + \sum_{i=1}^{n} \beta_i r_{t-i} + \gamma_0 P_{t-i} + \varepsilon_i$$

其中，R_t 和 r_t 的含义同上，P 代表物价水平。通过以上两个模型，Modigliani 等发现过去的利率水平和通胀水平对长期利率（长期国债的收益率）的变动有显著影响。在此以后，学者们又做了大量的研究工作，对不同国家的国债市场进了实证分析。其中，部分实证发现宏观变量无法预测国债价格，从而无法拒绝半强势有效假设。如 Pesando（1978）采用同样的以上两个模型，检验了1961 年第一季度到 1976 年第四季度加拿大长期国债到期收益率同滞后期的短期利率与物价水平的关系，发现两个自变量对长期国债到期收益率的变动没有显著的解释能力。Mishkin（1981）分析了美国国债市场 1957～1976 年的季度数据，发现滞后六期的名义短期利率和物价水平对长期国债的超额回报无预测能力。Deaves（1997）对加拿大国债市场数据分析，采用 1960～1994 年的季度数据，也发现短期利率、货币供应量和 GDP 的增长率这两个变量的滞后值对短、中、长期国债的超额回报都没有显著的预测作用。但 Deaves 发现股票市场状况和期限溢价对国债的超额回报有显著预测作用。Cochrane 和 Piazzesi（2005）还发现，在美国债券市场上，利用一些常见的宏观经济变量信息无法提高对债券回报率的预测能力。换言之，常见的宏观经济变量信息已经充分反映在当前的利率期限结构中。

根据货币学派的观点，通货膨胀是一种货币现象，货币供给增加可能会造成物价上涨，同时会使利率水平下降，因此两个变量之间可能存在相关关系。为避免将两个变量同时进入方程造成多重共线性问题，分别对两个变量建模。回归方程如下：

$$H_t = \varphi + \sum_{i=1}^{4} \alpha_i r_{t-i} + \varepsilon_t, \quad H_t - r_{f,t} = \varphi + \sum_{i=1}^{4} \alpha_i r_{t-i} + \varepsilon_t$$

$$H_t = \varphi + \sum_{i=1}^{4} \beta_i CPI_{t-i} + \varepsilon_t, \quad H_t - r_{f,t} = \varphi + \sum_{i=1}^{4} \beta_i CPI_{t-i} + \varepsilon_t$$

其中，H_t 代表 t 时期的持有期回报，$r_{f,t}$ 代表无风险利率。取上期末银行间市场一个月回购利率的加权平均收益价（原价格为年度收益率，本书已转化为月度收益率）。r_t 代表短期利率，取银行间固定利率国债收益率曲线半年期对应的到期收益率的一阶差分。CPI_{t-i} 代表滞后 i = 1，2，3，4 期的消费者物价水平同比增长率的一阶差分。MI_{t-i} 代表滞后 i = 1，2，3，4 期的 M1 货币供给同比增长率的一阶差分。

二、哈罗德—多马经济增长模型

经济增长模型指的是经济增长的理论结构，它所要说明的是经济增长与有关经济变量之间的因果关系和数量关系。对经济增长的不同理论分析构成了不同的经济增长模型。这里，主要介绍哈罗德—多马经济增长模型。

1. 哈罗德—多马经济增长模型的假定

英国经济学家哈罗德与美国学者多马几乎同时提出自己的经济增长模型。由于两者在形式上极为相似，所以称为哈罗德—多马模型。两者的区别在于哈罗德是以凯恩斯的储蓄—投资分析方法为基础，提出资本主义经济实现长期稳定增长模型；而多马模型则以凯恩斯的有效需求原理为基础，得出与哈罗德相同的结论。哈罗德—多马模型考察的是一国在长期内实现经济稳定的均衡增长所需具备的条件。

这里所讨论的基本形式，即哈罗德—多马模型的假定条件包括以下几方面：

（1）不存在货币部门，且价格水平不变。

（2）劳动力按不变的、由外部因素决定的速度 n 增长，即

$$\frac{dN/dt}{N} = n = 常数。$$

（3）社会的储蓄率，即储蓄与收入的比率不变，若记 S 为储

蓄，s 为储蓄率，则 $\frac{S}{Y}$ = s = 常数（Y 为收入）。

（4）社会生产过程只使用劳动 N 和资本 K 两种生产要素，且两种要素不能互相替代。

（5）不存在技术进步。

根据假定（4），生产函数可以写为：

$$Y = Y（N，K）= \min（VK，ZN） \qquad (1)$$

其中，参数 $V = \frac{Y}{K}$ 为产出—资本比；$V = \frac{Y}{N}$ 为产出—劳动比；V 和 Z 为固定的常数。

2. 产出和资本

根据上面的说明，由 $V = \frac{Y}{K}$ 有：

$$Y = VK \qquad (2)$$

对式（2）关于时间 t 求微分有：

$$\frac{dY}{dt} = V \frac{dK}{dt} \qquad (3)$$

式（2）说明，经济中供给的总产出等于产出—资本比乘以资本投入。式（3）则说明，总产出随时间的变化率由产出—资本比和资本存量变化率（即投资水平）所决定。

另一方面，在只包括居民户和厂商的两部门经济中，经济活动达到均衡状态时，要求投资等于储蓄，即：

$$I = S \qquad (4)$$

根据假定条件，有 S = sY。而 $I = \frac{dK}{dt}$，故式（4）变为：

$$\frac{dK}{dt} = sY \qquad (5)$$

将式（5）代入到式（3），并对其进行变形，有：

$$\frac{dY/dt}{Y} = Vs \qquad (6)$$

式（6）就是在资本得到充分利用的条件下总产出的增长率所必须满足的关系。在 V 和 S 都为常数的条件下，模型式（6）的解为：

$$Y = Ae^{Vst} \qquad (7)$$

其中，A 为常数，t 为时间，e 为数学中自然对数的底数（e ≈ 2.718）。

为了进一步认识式（6）所示的增长率的意义，将式（2）代入到式（5），并对其进行整理，得：

$$\frac{dK/dt}{K} = Vs \qquad\qquad (8)$$

比较式（6）和式（8）可知，为了使资本得到充分利用，总产出 Y 与资本 K 必须同步增长，其增长率由储蓄率和产出—资本比确定。按照哈罗德的说法，这一增长率被称为有保证的增长率，记为 G_w，即 $G_w = Vs$。至此，已建立了资本得到充分利用时经济增长的条件。

3. 产出与劳动

根据假定条件，劳动力增长率为 $\frac{dN/dt}{N} = n = $ 常数。另外，根据生产函数在充分就业的情况下，总产出和劳动力的关系为：

$$Y = zN \qquad\qquad (9)$$

在参数 z 为常数的情况下，式（9）意味着总产出必须与劳动力同步增长。事实上，对式（9）关于时间 t 进行微分，有：

$$\frac{dY}{dt} = z\frac{dN}{dt} \qquad\qquad (10)$$

用式（9）除以式（10），得：

$$\frac{dY/dt}{Y} = \frac{dN/dt}{N} = n \qquad\qquad (11)$$

式（11）就是劳动力充分就业时经济增长的条件。这一条件的含义是，如果要使经济实现充分就业的均衡增长，总产出的增长率必须等于劳动力的增长率。哈罗德将这一增长率称为自然增长率，记为 G_N，即 $G_N = n$。

第四节　我国基金市场功能绩效评价的理论模型

一、现代证券组合模型

1. Markowitz 均值—方差模型

1952 年，Markowitz 在其文章 Portfolio Selection 中开创性地提出

了证券组合投资理论，从而将计量分析引入了金融领域，这也为
资产定价理论奠定了稳固的基础。Markowitz 认为，证券投资组合
选择是为了实现风险一定的情况下收益最大化或收益一定的情况
下风险最小化，并提出使用证券组合收益率的均值和方差来度量
其风险。正是由于这一伟大创新，Markowitz 在 1990 年获得了诺贝
尔经济学奖。这一模型的基本假设如下：①证券市场是有效的，
即证券价格本身就已经反映了证券市场的所有已知信息，并且证
券价格趋向于均衡价格。这一假设也反映了投资者是理性的，掌
握了各种证券的完全信息，包括证券的期望收益率和方差。②证
券投资者通过证券期望收益率的大小来度量投资收益的水平，通
过证券期望收益率的方差来度量证券投资的风险，并且每种证券
的收益率都服从正态分布。③投资者都是风险规避型的，即都在
给定风险下追求收益率的最大化，或者在给定收益率水平上追求
风险的最小。④用相关系数或者收益率之间的协方差来度量各证
券收益率之间的相关性。

资产组合的均值—方差模型：

目标函数：

$$\text{Min}\delta^2 = X^T P X$$

限制条件：

$$\begin{cases} X^T Q = Q_0 \\ E^T X = 1, \ X_i \geq 0 \ (\text{不可以卖空}) \qquad (i = 1, 2, \cdots, m) \\ F^T X = 1 \ (\text{可以买空}) \end{cases}$$

其中，δ^2 表示证券组合收益率的方差；$X = (x_1, x_2, \cdots, x_m)^T$ 表示证券投资资产在投资组合中所占的比例向量；P 表示 m 种证券收益率的协方差；$Q = (r_1, r_2, \cdots, r_m)^T$ 表示 m 种证券收益率的期望值向量；Q_0 表示证券投资组合的期望收益率；$E = (1, 1, \cdots, 1)^T$ 表示单位向量。

2. 资本资产定价模型（CAPM）

资本资产定价模型（Capital Asset Pricing Model）是由 Treynor
（1961）、Sharpe（1964）、Lintner（1965）、Mossin（1966）等提
出的对 Markowitz 的均值—方差模型的一种简化计算模型。威廉·
夏普研究最佳投资组合时，提出简化方差—协方差矩阵中的非对角
线元素的方法，即单指数模型。把 β 值来作为衡量市场风险系数，
所以资本资产定价理论又称 β 值理论。

资本资产定价模型可建立线性回归模型：

$$E(R_i) = R_f + \beta_i[E(R_m) - R_f]$$

$$\beta_i = \frac{Cov(R_i, R_m)}{(R_m)^2}$$

其中，E（R_i）表示证券 i 在时期 t 内的期望收益率；R_f 表示无风险证券收益率；E（R_m）表示证券组合的期望收益率；Cov（R_i，R_m）表示证券 i 的收益率与证券组合收益率的协方差；β_i 表示第 i 证券的系统风险系数，即该证券收益率对整个市场波动的反应程度，被称为"β 系数"；β 系数是某种证券收益的协方差与证券组合收益的方差的比率，可看作单个证券收益率对证券组合收益波动的敏感度。从上式可以看出，一种证券的收益与其 β 系数是成正比例关系的。

对应一元回归方程：

$$E(R_i) = R_f + \beta_i[E(R_m) - R_f] + e_i$$

$$D(R_i) = \beta_i^2\delta^2 + \delta^2(e_i)$$

其中，$\beta_i^2\delta^2$ 表示资产组合的市场风险；$\delta^2(e_i)$ 表示资产组合是非市场风险。从上式可以得出，证券的 β 值越大，其风险越高。如果证券的风险系数 β＝1，那么这种证券的风险程度与整个市场的风险程度相同。

Sharpe 的资本资产定价模型极大地简化了 Markowitz 模型的计算，但是它的假设还是基于 Markowitz 模型，也存在许多不足之处。β 系数的度量以易变性为基础，通过方差和协方差计算得到，因此存在与 Markowitz 模型同样的不足问题。

3. 证券组合风险的下偏矩计量模型

为了克服方差在计量风险方面的不足，人们开始使用 LPM_q（Lower Partial Moments）方法计算风险，它属于下方风险（Downside - Risk）的一种。这种方法只把小于目标收益率 h（即收益率左尾部分的某种"矩"）的收益率作为风险衡量的计算因子，也就是把损失作为风险的计算因子，更为科学地反映了投资者的心理感受。如果已知某一离散证券组合收益率为 R_p，投资者的目标收益率为 h，则 LPM_q 可以表示成：

$$LPMq = \sum_{R_p = -\infty}^{h} P_p (h - R_p)^q$$

其中，P_p 表示证券投资组合收益 R_p 发生的概率；q 的值为

（0，1，2），其作为某种"矩"的类型；LPM_0 表示低于目标收益率 h；LPM_1（单边离差的均值）表示目标不足；LPM_2（偏差平方的概率加权）表示目标测量的偏差。

1991 年，Harlow 在 Finaneial Analysts Joumal 上发表的文章 Asset Allocation in a Downside Risk Framework 以下偏矩为风险计量指标，提出了均值—下偏矩结构下的证券投资组合优化模型：

$$minLPM_q(h;w) = \sum_{R_p < h}^{h} \frac{1}{n-1}(h - R_p)^q$$

$$s.t \begin{cases} \sum_i w_i E(R_i) \geqslant R_p^* \\ \sum_{i=1} w_i = 1，w_i \geqslant 0 \end{cases}$$

其中，q = 1，2；LPM（h；w）表示下偏差风险；w_i 表示分配给证券 i 的投资比重；R_i 表示证券投资收益率的随机变量；$E(R_i)$ 表示 R_i 的期望值。Harlow 的下偏差模型是在满足期望收益率的水平下，追求最小下偏矩的投资组合，它提供了比 Markowitz 模型更多的下方损失保护。

二、单因素整体绩效评估模型

从 20 世纪 60 年代开始，随着基金业的发展，对证券投资基金风险和收益的测量也引起了学术界的极大关注。为了简化 Markowitz 模型，许多业绩评价方法应运而生。其中，以 Treynor（1965）、Sharpe（1966）及 Jensen（1968）的三个指标模型为代表。目前，这三种以 CAPM 为理论基础的基金绩效评价模型大大简化了基金整体绩效评估的复杂性，在西方发达国家的基金表现测评中运用得最为流行，称为单因素整体绩效评估模型。

1. Terynor J. L.（1965）基金绩效模型，特雷诺（Terynor）基金绩效评价指数

Treynor 利用美国 1953～1962 年 20 个基金（含共同基金、信托基金与退休基金）的年收益率资料进行了基金绩效评估的实证研究，用单位系统性风险的超额收益率作为基金绩效评估指标，即 Treynor 指数。计算公式为：

$$T_p = \frac{\overline{R_p} - \overline{R_f}}{\beta_p}$$

其中，$\overline{R_p}$ 表示基金投资组合在样本期内的平均收益率，$\overline{R_f}$ 表示

样本期内的平均无风险利率。$\overline{R_p} - \overline{R_f}$ 表示基金投资组合在样本期内的平均风险溢酬，β_p 表示投资组合的系统风险。T_p 表示 Treynor 绩效评价指标，其含义是每单位系统风险资产所获得的超额报酬（超过无风险利率）。特雷诺（Terynor）指数评估法隐含了非系统风险已全部被消除的假设，在这个假设前提下，因为 Treynor 指数是单位系统风险收益，因此它能反映基金经理的市场调整能力。不管市场是处于上升阶段还是下降阶段，较大的 Treynor 指数总是表示较好的绩效。

基准市场的特雷诺业绩指数 T_I 的计算公式为：

$$T_I = \frac{\overline{R_I} - \overline{R_f}}{\beta_I}$$

其中，β_I 表示证券市场线 SML 的斜率。将基金投资组合的特雷诺业绩指数 T_p 与相应的基准市场的 T_I 值相比可以得到基金的收益风险坐标相对于证券市场线的位置。当基金的 T_p 大于相应的基准市场的 T_I 值，那么它的收益—风险坐标就位于证券市场线 SML 之上，这说明基金的风险调整绩效更好；当基金的 T_p 小于相应的基准市场的 T_I 值，那么它的收益—风险坐标就位于证券市场线 SML 之下，这说明基金的风险调整绩效不如基准市场。

2. Sharpe（1966）指数基金绩效评价模型

威廉·夏普在对美国 1954～1963 年 34 只开放式基金的年收益率资料进行绩效的实证研究时，提出用单位总风险的超额收益率来评价基金业绩，即著名的 Sharpe 指数。它是把资本市场线 SML 作为评估标准，是在对总风险进行调整的基础上的基金绩效评估方式。夏普认为对于管理较好的投资基金，其总风险可能接近于系统性风险，而对于管理不好的投资基金，其总风险可能因非系统性风险不等而相差甚远。因此，夏普用单位总风险所获得的超额收益率即"夏普指数"来评价基金的业绩。

计算公式为：

$$S_p = \frac{\overline{R_p} - \overline{R_f}}{\delta (R_p)}$$

其中，S_p 表示 Sharpe 绩效指标，$\overline{R_p}$ 表示一定时期内基金 P 的平均收益率，$\overline{R_f}$ 表示一定时期内无风险资产的平均收益率，$\delta(R_p)$ 表示基金 P 收益率的标准差。

基准市场的夏普业绩指数为：

$$S_1 = \frac{\overline{R_1} - \overline{R_f}}{\delta(R_1)}$$

夏普业绩指数的含义是每单位总风险资产所获得的超额报酬（超过无风险利率）。夏普业绩指数越大，基金绩效就越好。

Sharpe 指数和 Treynor 指数一样，能够反映基金经理的市场调整能力。但与 Treynor 指数不同的是，Treynor 指数只考虑系统风险，而 Sharpe 指数同时考虑了系统风险和非系统风险，即总风险。因此，Sharpe 指数还能够反映基金经理分散和降低非系统风险的能力。如果证券投资基金已完全分散了非系统风险，则 Sharpe 指数和 Treynor 指数的评估结果是一样的。

3. Jensen（1968）指数模型

迈克尔·詹森（Jensen）利用美国 1945～1964 年 115 种基金的年收益率资料以及 S&P 500 计算的市场收益率进行实证研究，并提出了一种评价基金业绩的绝对指标，即詹森指数。詹森指数是通过比较评价期的实际收益和由 CAPM 推算出的预期收益来进行评价的。

计算公式为：

$$J_p = E(R_p) - [r_f + \beta_p(E(R_m) - r_f)]$$

其中，J_p 表示 Jensen 绩效指标，$E(R_p)$ 表示基金投资组合的实际期望收益率，r_f 表示无风险收益率，β_p 表示基金投资组合的风险估计，$E(R_m)$ 表示基金投资组合的收益率。将各期基金投资组合与无风险收益率的差额（$R_{p,t} - R_{f,t}$）和各期样本区间基准市场收益率与无风险利率的差额（$R_{m,t} - R_{f,t}$）进行回归：

$$R_{p,t} - R_{f,t} = a_p + \beta_p(R_{m,t} - R_{f,t}) + \mu_{p,t},$$

其中，a_p 表示基金实际收益率与 $\overline{R_p} = R_f + \beta_p(\overline{R_m} - R_t)$ 的偏度数，是基金收益超过由 CAPM 决定的均衡收益量的值，即詹森业绩指数 J_p，它反映了基金与基准市场之间的绩效差异。当 $J_p > 0$ 时，表明基金 P 的绩效优于市场整体绩效，当基金和基金之间比较时，Jensen 指数越大越好；当 $J_p < 0$ 时，表明基金 P 的绩效劣于市场整体绩效；当 $J_p = 0$ 时，β_p 的值是 1，可以根据詹森业绩指数的高低对不同的基金和基准市场进行排序。

Jensen 模型奠定了基金绩效评估的理论基础，也是迄今为止使用最广泛的模型之一。但是，Jensen 指数评估基金整体绩效时假定基金的非系统风险已通过投资组合彻底地分散掉，因此该模型只反映了基金收益率和系统风险之间的关系。如果基金并没有完全消除掉非系统风险，则 Jensen 指数可能会计算出错误信息。

4. 平均收益率法

证券投资基金作为一种大众化投资工具，基金资产的保值与增值是投资者的根本利益。对资产保值与增值进行刻画得最自然、最合理的指标是资产的增长率，在分析和计算中常用平均收益率（$\overline{R_p}$）表示，它是指证券投资基金在一定样本区间内所取得收益的平均值。其计算公式为：

$$\overline{R_p} = \frac{1}{n} \sum_{t=1}^{n} R_{pt}$$

$$R_{pt} = \frac{NAV_t - NAV_{t-1}}{NAV_{t-1}}$$

其中，$\overline{R_p}$ 表示一定时期内基金 P 的平均收益率，R_{pt} 表示基金 P 在 t 个样本期内的收益率，NAV_t 表示基金 P 在 $t-1$ 时期末每单位的净值。

平均收益率在一定程度上反映了证券投资基金的绩效状况，可以根据平均收益率的高低对基金进行排序。

收益率评价法忽略了风险因素，用来评价基金管理人的赢利能力具有一定的局限性。现代投资理论的核心问题就是研究资产风险与收益之间的转换关系。一个理性的投资者总是希望承担较小的风险、实现较多的收益。也就是说，在风险水平一定的情况下，收益越大越好；在收益率一定的情况下，风险越小越好。因此，按风险水平对收益率进行调整来反映基金的绩效状况更合理、更有效。

三、基于 APT 的多因素基金绩效评价模型

1976 年，Ross 提出了一种替代性的资本资产定价理论，即套利定价理论（APT）。该理论比 CAPM 理论的假设条件少得多，更为简单且更加符合实际，得到的结果也与 CAPM 有很多相似之处。由于以 APT 模型为基础的多因素绩效衡量指标可以使人们对适合指数加以检验，对组合的绩效做出更好的衡量以及对业绩归属进行更好的分析而越来越受到重视。所以，研究人员又以 APT 为基础的多因素模型来代替单因素模型进行基金绩效的评价。其中，Fama – French（1993、1996）、Carhart（1997）等的多因素模型最具代表性。

1. Fama – French 三因素模型

自从 Sharpe 等人提出 CAPM 以来，许多学者对它进行了实证检验。大部分检验结果发现 CAPM 存在明显的异常效应。主要的异常效应有：小规模和价值型的股票可获得较高的超常收益率。Lenman、Modest（1987）提出影响证券收益的因素还包括：市场平均收益率、股票规模、市盈率（P/E）、公司的账面个人价值与市场价值比（BE/ME）等。Fama 和 French 在 CAPM 模型的基础上，认为影响证券收益的因素除了上述因素外，还应包括按照行业特征分类的普通股组合收益、小盘股收益与大盘股收益之差（SML）等。因此，Fama 和 French（1993）以股票市场指数、公司规模、B/P 值为主要风险因素提出了著名的三因素模型。该模型以某一时期内市场组合的超额收益率（$R_{p,t} - R_{f,t}$）、基金投资组合中的小市值股票与大市值股票的收益率之差（SML）、高（BE/ME）与低（BE/ME）的股票收益率之差（HML）作为解释变量，以基金投资组合的超额收益率为被解释变量进行回归。表达式为：

$$R_{p,t} - R_{f,t} = a_p + \beta_1 (R_{m,t} - R_{f,t}) + \beta_2 HML + \beta_3 SML + \mu_{p,t}$$

其中，$R_{p,t}$ 表示在时期 t 内基金投资组合的收益率，$R_{f,t}$ 表示该时期的无风险利率，$R_{m,t}$ 表示市场组合的收益率。

2. Carhart 的四因素模型

Carhart（1995）考察了 Titman 等人（1993）发现的动量因素（Momentum Factor），在 Fama 和 French 三因素基准组合的基础上提出了四因素模型。公式如下：

$$R_{p,t} - R_{f,t} = a_p + \beta_{p1} (R_{m,t} - R_{f,t}) + \beta_{p2} HML + \beta_{p3} SML$$
$$+ \beta_{p3} WML + \varepsilon_{p,t}$$

其中，$R_{p,t}$ 表示在时期 t 内基金投资组合的收益率，$R_{f,t}$ 表示该时期的无风险利率，$R_{m,t}$ 表示市场组合的收益率，SML 表示基金投资组合中的小市值股票与大市值股票的收益率之差，IIML 表示高（BE/ME）与低（BE/ME）的股票收益率之差，WML 表示强势头组合与弱势头组合收益率的差额。

3. 多因素绩效评估模

Fama – French 三因素模型和 Carhart 的四因素模型所解释的因素还是有限，所以研究者们又提出了多因素模型来进行基金绩效的评估。多因素模型的一般数学表达式为：

$$R_i = a_i + b_{i1} I_1 + b_{i2} I_2 + b_{i3} I_3 + \cdots + b_{in} I_n + \varepsilon_i$$

其中，I_1，I_2，I_3，…，I_n 分别表示影响 i 证券收益的各因素值，$b_{i1} + b_{i2} + b_{i3} + \cdots + b_{in}$ 分别表示各因素对证券收益变化的影响程度，a_i 表示证券收益率中独立于各因素变化的部分。

多因素模型虽然在一定程度上解决了单因素模型解释变量过于简单而引起的问题，模型的解释力也有所增强。但在实证研究中，模型要求能确定所有的决定因素，而套利定价理论并没有明确指出风险资产定价需要的因素种类及因素个数，所以在实证时因素的选择及因素个数的确定可能比较主观。另外，多因素模型仍然无法解释资产收益的实质性差别，因素的选取对绩效评价结果影响比较明显。因此，单因素模型和多因素模型孰优孰劣，至今在西方国家尚无定论。

四、基金的选股与择时能力

Jensen 指数评估基金整体绩效时，反映的只是基金收益率和系统风险因素之间的关系，并未考虑基金组合期望收益和风险随时间的变化。由于 β 值的时变性，使基金绩效和市场投资组合绩效之间存在非线性关系，从而导致 Jensen 指数评估存在统计上的偏差。因此，Treynor 和 Mazuy（1966）在 T－M 模型中采用 CAPM 形式来描述基金经理的择时能力和选股能力评估模型。Merton（1981）和 Henriksson 也提出了双 β 值市场模型，并利用一次回归项和随机变量对基金经理的选股能力与市场运用中的时间选择能力进行了进一步的研究。

事实上，基金经理是具有择时能力的，他会通过改变投资组合的风险以适应市场的变化并谋求高额的收益，即通过改变投资组合中股票、债券及现金的品种及比例来调整非系统性风险和改变组合的 β 值，从而改变组合的系统风险来提高组合的绩效。根据研究者们对 β 系数的不同假设，将此类模型大致分为两类。第一类称为 UD 模型，主要含义是将市场分为多头（up）与空头（Down）两种形态，并假设基金经理在预期未来市场看好时，会多买进一些波动幅度较高的风险资产；反之，当基金经理预期未来市场看坏时，多买进波动幅度较低的风险资产，而卖出波动幅度较高的风险资产，因此多头时期与空头时期的 β 系数应有所不同，应将投资组合的 β 系数视为一项式变量（Binary Variable）；第二类则视为投资组合 β 的随机变量（Stochastic Varivable）；其值随时间的变动而变动。以下分别介绍。

1. Treynor 和 Mazuy（1966）的 T – M 模型，即传统二次项回归模型

Treynor 和 Mazuy 认为一个成功的市场选择者能够在市场处于涨势时提高其组合的 β 值以获得较高的收益，而在市场处于下跌时降低组合的 β 值降低风险。在证券市场回归模型中，他们加入一个二次项来评估证券投资基金经理的择时与选股能力。因此，其特征线不再是固定斜率的直线，而是一条斜率会随市场状况改变的曲线，回归模型为：

$$R_{p,t} - R_{f,t} = a_p + \beta_1 (R_{m,t} - R_{f,t}) + \beta_2 (R_{m,t} - R_{f,t})^2 + \mu_{p,t}$$

其中，a_p 表示选股能力指标，β_2 表示择时能力指标，即基金投资组合所承担的系统风险，$\mu_{p,t}$ 表示二次项的误差项。如果 $\beta_2 > 0$，表示证券投资基金经理具有成功的市场择时能力。当 $R_{m,t} - R_{f,t} > 0$ 时，即市场收益率大于无风险收益率，表示市场为多头走势。此时，$(R_{m,t} - R_{f,t})^2 > 0$，从而证券投资基金的风险溢酬（$R_{p,t} - R_{f,t}$）会大于市场投资组合的风险溢酬（$R_{m,t} - R_{f,t}$）；反之，当 $R_{m,t} - R_{f,t} \leqslant 0$ 时，证券投资基金风险溢酬的下跌幅度会小于市场投资组合风险溢酬的下跌幅度，这样基金的风险溢酬仍会大于市场投资组合风险溢酬。如果 $a_p > 0$，说明证券投资基金经理具有成功的市场择股能力，而且 a_p 越大，基金经理择股能力越强。

2. Heriksson 和 Merton（1981）的二项式随机变量模型，即 H – M 模型

Heriksson 和 Merton 将 β 看成一项随机变量，其在多头与空头市场上的值是不同的。Heriksson 与 Merton 将择时能力定义为：基金经理预测市场收益与无风险收益之间差异大小的能力，然后根据这种差异将资金有效率地分配于证券市场；具备择时能力者可以预先调整资金配置，以减少市场收益小于无风险收益时的损失，其回归模型为：

$$R_{p,t} - R_{f,t} = a_p + \beta_1 (R_{m,t} - R_{f,t}) + \beta_2 \max (0, R_{f,t} - R_{m,t}) + \mu_{p,t}$$

其中，$\max (0, R_{f,t} - R_{m,t})$ 表示在 0 与 $(R_{f,t} - R_{m,t})$ 之间选取最大值。在该模型的运用上，可根据市场状况做出不同的变形，当市场状况良好时，$R_{m,t} - R_{f,t} \leqslant 0$，则 $\max (0, R_{f,t} - R_{m,t}) = 0$，模型变形为 $R_{p,t} - R_{f,t} = a_p + \beta_1 (R_{m,t} - R_{f,t}) + \mu_{p,t}$。当市场状况不佳时，$R_{m,t} - R_{f,t} \leqslant 0$，模型变形为：

$$R_{p,t} - R_{f,t} = a_p + \beta_1 (R_{m,t} - R_{f,t}) + \beta_2 (R_{f,t} - R_{m,t}) + \mu_{p,t}$$
$$= a_p + (\beta_1 - \beta_2) (R_{m,t} - R_{f,t}) + \mu_{p,t}$$

在 UD 模型中，特别重视基金经理的市场择时能力。当 $\beta_2 > 0$ 时，表示基金经理掌握了市场下跌的趋势，这时需要及时调整资产组合；如果 $\beta_1 - \beta_2 \leqslant 0$，表示市场空头，即 $R_{m,t} - R_{f,t} \leqslant 0$ 时，基金经理反而能够逆势获利。

3. Chang 和 Levellen（1984）对 Heriksson 和 Merton 的基金整体绩效评估模型进行了改进

其所建立的回归模型为：

$$R_{p,t} - R_{f,t} = a_p + \beta_1 \min (0 , R_{m,t} - R_{f,t})$$
$$+ \beta_2 \operatorname{man} (0 , R_{m,t} - R_{f,t}) + \mu_{p,t}$$

其中，$\min (0 , R_{m,t} - R_{f,t})$ 表示取 0 与 $(R_{m,t} - R_{f,t})$ 的最小值，β_1 表示多头市场时的 β；β_2 表示空头市场时的 β。通过验定 $\beta_1 - \beta_2$ 的正负来判断基金经理的择时能力。当 $\beta_1 - \beta_2 < 0$ 时，表示基金经理具备择时能力。

第四章 我国资本市场结构的功能绩效实证计量分析

第一节 我国资本市场总体功能绩效实证计量分析

一、C-D 函数模型

19 世纪 30 年代初，美国经济学家 F. H. Douglas 和经济数学家 C. W. Cobb 分析、研究了美国 1899～1922 年资本与劳动两个生产要素在投入与产出中的关系及其地位，得到了著名的 C-D 函数：

$$Y = AK^{\alpha}K^{\beta}$$

其中，Y 表示产出，L 和 K 表示劳动和资本的投入量，A、α、β 为三个参数，A 表示技术状况的系数，α、β 分别表示劳动和资本在收入中所占的份额，且 $0 < \alpha, \beta < 1$。经济学研究中较多采用这一模型是因为：①该生产函数是指数函数形式，在数学上较易变形处理。②函数中的参数具有明显的经济含义，A 的数值越大，既定投入所能生产的产量越大，α、β 分别代表劳动和资本投入量增加 1% 时产量增加的百分比。函数式反映了生产过程中资本和劳动对于产出的相对重要性。

C-D 函数的一般形式为：

$$Y = A\chi_1^{\alpha 1} \cdot \chi_2^{\alpha 2} \cdot \cdots \cdot \chi_n^{\alpha n}$$

其中，Y 表示产出，$\chi_i > 0$，i = 1, 2, …, n；A, ai > 0, i = 1, 2, …, n；A 是常数，χ_i 是各种投入要素。

运用此函数式分析中国资本市场和经济增长的关系，鉴于我国资本市场的数据较少、我国低素质劳动力市场的无限供给特征，用这些数据进行短期经济增长的研究，可以暂不考虑劳动力因素和技术进步。但是制度因素是必须考虑的，制度变迁是影响经济增长的要素之一，特别是十几年以来中国的体制改革和体制创新对资本市场的作用明显，对经济增长也发挥了巨大的促进作用。考虑以上几个方面，将资本投入量 K 分解为股票发行额（K_1）、债券发行额（K_2）、基金筹资额（K_3），得到中国的经济增长产出模型，可以表示如下：

$$Y_t = A K_{1t}{}^{\alpha} K_{2t}{}^{\beta} K_{3t}{}^{\gamma} R_t{}^{1-\alpha-\beta-\gamma}$$

其中，Y_t 表示产出，这里用国民生产总值 GDP 来表示。A 是常数，资本投入量指标分别为：股票发行额（K_1）、债券发行额（K_2）、基金筹资额（K_3）。R_t 是制度变量（用股票市场市价总值与股票、债券和基金的筹资总量之比来衡量）。引入制度变量可以取消指数系数为正常数的限制，为了研究问题的简化，假定规模收益不变。对方程两端取对数得：

$$\ln Y_t = \ln A + \alpha \ln K_{1t} + \beta \ln K_{2t} + \gamma \ln K_{3t} + (1-\alpha-\beta-\gamma)\ln R_t$$

对上式进行变形整理得到：

$$\ln Y_t - \ln R_t = \ln A + \alpha(\ln K_{1t} - \ln R_t) + \beta(\ln K_{2t} - \ln R_t)$$
$$+ \gamma(\ln K_{3t} - \ln R_t)$$

得到新的解释变量和被解释变量（见表 4 - 1）。

表 4 - 1   1992 ~ 2008 年全国按股份类别划分的上市公司年末数量

单位：亿元

年份	GDP	股票市价总值	债券余额	证券投资基金规模	股票市值与筹资总额比
1992	26923.476	1048.15	2247.88		0.318003780
1993	35333.925	3541.52	2451.97		0.590894454
1994	48197.856	3690.62	3063.80		0.546400727
1995	60793.729	3474.28	5655.40		0.380547840
1996	71176.592	9842.39	7468.75		0.568558165
1997	78973.035	17529.24	9658.75		0.644742035
1998	84402.280	19521.81	13563.76	120.00	0.587907691
1999	89677.055	26471.18	17768.11	510.00	0.591544134
2000	99214.554	48090.94	21264.91	562.00	0.687820635
2001	109655.170	43522.20	24152.48	804.23	0.635556261

续表

年份	GDP	股票市价总值	债券余额	证券投资基金规模	股票市值与筹资总额比
2002	120332.690	38329.13	29390.20	1318.85	0.555187434
2003	135822.760	42457.72	34253.60	1614.67	0.542064262
2004	159878.340	37055.57	40657.60	3308.79	0.457352180
2005	183217.400	32430.28	48477.10	4714.18	0.378763012
2006	211923.500	89403.89	57178.29	6220.67	0.585093079
2007	257305.600	327140.90	89767.30	22339.80	0.744774928
2008	300670.000	121366.40	99304.45	25741.79	0.492533258

资料来源：1985～2009年《中国统计年鉴》、《中国证券期货统计年鉴》和《中经网统计数据库》整理后的数据。

利用 Eviews 统计软件对新的线性模型进行回归，有如下结果（见表4-2）。

表4-2　C-D函数模型回归结果

Sample（adjusted）：1998 2008

Icluded observations：11 after adjustments

Variable	Coefficient	Std. Error	t-Statistic	Prob.
C	1.868810	1.536278	1.216453	0.2632
LNK1-LNR	-0.073764	0.058033	-1.271076	0.2443
LNK1-LNR	1.152555	0.151866	7.589286	0.0001
LNK3-LNR	-0.159067	0.079437	-2.002439	0.0853

R-squared	0.994099	Mean dependentvar	12.471590
Adjusted R-squared	0.991570	S. D. dependentvar	0.508495
S. E. of regression	0.046687	Akaike info criterion	-3.015399
Sum squared resid	0.015258	Schwarz criterion	-2.870710
Log likelihood	20.584690	Hannan-Quinn criter.	-3.106605
F-statistic	393.082700	Durbin-Watson stat	1.156449
Prob（F-statistic）	0.000000		

通过采用 C-D 生产函数，用中国资本市场十余年的数据进行

模型系数确定。回归结果可得可决系数 $R^2 = 0.994$（很接近 1），调整可决系数 $R^2 = 0.991$（很接近可决系数），表明方程拟合度很好，回归方程高度显著；F 值为 393 通过了 F 检验。模型各参数估计均通过参数 t 检值为 $t_{a/2}^{n-k-1}$，当在 5% 的显著性水平下 $t_{0.025}^7 = 2.365$，有三个参数未能通过 T 检验。

　　模型参数估计：常数项 $A = 1.8688$，$\alpha = -0.0737$，$\beta = 1.1525$，$\gamma = -0.1590$ 代入方程得：

$$Y_t = 1.8688 K_{1t}^{-0.0737} K_{2t}^{1.1525} K_{3t}^{-0.1590} R_t^{0.0802}$$

　　通过回归分析得出，对经济增长的贡献主要来自债券和制度的变迁。$\beta = 1.1525$，$1 - \alpha - \beta - \gamma = 0.0802$，可以看出债券的发行和制度的变迁是促进经济增长的。该结论从定量的角度确立了在过去十几年间中国在经济增长过程中，制度变迁对经济增长起到了主要的促进作用。尽管采用的制度变量是用股票市值占金融总资产的比例来衡量的，它在一定程度上也反映了市场化的资本形成机制对经济增长会产生巨大的推动作用。股票市场对经济增长的影响在制度变量中得到了一定的反映。通过回归分析得出的 $\alpha = -0.0737$，$\gamma = -0.1590$，这说明股票市场和基金市场与经济增长呈弱相关性，它们还没有在经济增长中发挥应有的作用。

　　对模型结果进行自相关检验有如下结果（见表 4-3）。

表 4-3　C-D 函数模型残差自相关检验结果

Sample: 1998 2008
Included observations: 11

Autocorrelation	Partial Correlation		AC	PAC	Q-Stat	Prob
		1	0.355	0.355	1.8015	0.180
		2	0.059	-0.076	1.8576	0.395
		3	-0.336	-0.381	3.8729	0.276
		4	-0.526	-0.372	9.5312	0.049
		5	-0.282	0.013	11.423	0.044
		6	-0.086	-0.062	11.634	0.071
		7	0.126	-0.122	12.206	0.094
		8	0.089	-0.275	12.583	0.127
		9	0.048	-0.132	12.746	0.174
		10	0.052	0.027	13.135	0.216

　　可以看出，回归模型残差不存在自相关。

二、AK 模型

　　假设产出（Y）与资本（K）存在线性相关关系，即技术进步、人力资本等经济因素对产出的影响是恒定的。可以得到资本的边际产出是固定的，用 A 来代表，整个再生产过程可以用 Y = AK 来定义。针对本书的研究内容，产出函数可以表达成以下形式：

$$Y_t = \sum A_i K_{it}$$

其中，A_i 表示第 i 种资本的边际产出，K_{it} 表示 t 时刻第 i 种资本的存量。本书用 A_1 代表股票市场规模的边际产出，K_{1t} 表示 t 时刻股票市价总值；用 A_2 表示债券市场规模的边际产出，K_{2t} 表示 t 时债券的余额；用 A_3 表示基金市场规模的边际产出，K_{3t} 表示 t 时刻的基金总额，$Y_t = A_i K_{it}$ 可被写成 $Y_t = A_1 K_{1t} + A_2 K_{2t} + A_3 K_{3t}$。

表 4 - 4　1992 ~ 2008 年中国经济增长状况统计表

单位：亿元

年份	GDP	股票市价总值	债券余额	投资基金规模
1992	26923.48	1048.15	2247.88	
1993	35333.92	3541.52	2451.97	
1994	48197.86	3690.62	3063.80	
1995	60793.73	3474.28	5655.40	
1996	71176.59	9842.39	7468.75	
1997	78973.03	17529.24	9658.75	
1998	84402.28	19521.81	13563.76	120.00
1999	89677.05	26471.18	17768.11	510.00
2000	99214.55	48090.94	21264.91	562.00
2001	109655.20	43522.20	24152.48	804.23
2002	120332.70	38329.13	29390.20	1318.85
2003	135822.80	42457.72	34253.60	1614.67
2004	159878.30	37055.57	40657.60	3308.79
2005	183217.40	32430.28	48477.10	4714.18
2006	211923.50	89403.89	57178.29	6220.67
2007	257305.60	327140.89	89767.30	22339.80
2008	300670.00	121366.44	99304.45	25741.79

资料来源：根据 1992 ~ 2009 年《中国统计年鉴》、《中国证券期货统计年鉴》和《中经网统计数据库》数据整理所得。

利用 Eviews6.0 统计软件对表中的数据进行统计，有如下结果（见图 4 - 1 和表 4 - 5）。

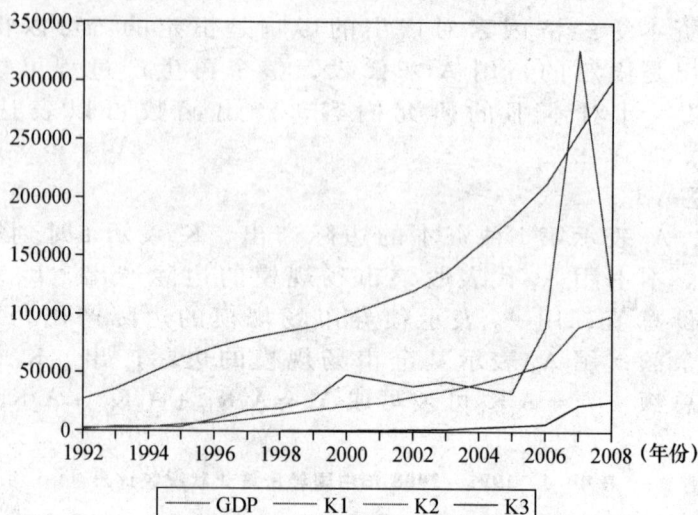

图 4 - 1 1992 ~ 2009 年我国 GDP 和资本市场状况

表 4 - 5 AK 模型回归结果

Sample（adjusted）：1998 2008

Icluded observations：11 after adjustments

Variable	Coefficient	Std. Error	t - Statistic	Prob.
K1	- 0.057216	0.068931	- 0.830038	0.4306
K2	4.537727	0.180083	25.19801	0.0000
K3	- 5.766993	0.878089	- 6.567663	0.0002
R - squared	0.977869	Mean dependentvar		159281.8
Adjusted R - squared	0.972336	S. D. dependentvar		71786.98
S. E. of regression	11939.97	Akaike info criterion		21.84017
Sum squared resid	1.14E + 09	Schwarz criterion		21.94869
Log likelihood	- 117.1209	Hannan - Quinn criter.		21.77177
Durbin - Watson stat	0.349872			

回归结果可得可决系数 $R^2 = 0.977$（很接近 1），调整可决系数 $R^2 = 0.972$（很接近可决系数），表明方程拟合度很好，回归方程高度显著；模型各参数估计均通过参数 t 检验，表明各解释变量对被解释变量都具有解释能力，可以引入本模型为：

$$Y_t = -0.057K_{1t} + 4.538K_{2t} - 5.767K_{3t}$$

其中，$A_1 = -0.057$、$A_2 = 4.538$、$A_3 = -5.767$。从而可以得到跟 C－D 模型一样的结论，即债券的发行和制度的变迁是促进经济增长的，股票市场和基金市场与经济增长呈弱的负相关性，它们还没有在经济增长中发挥应有的作用。

债券市场刺激投资效应较明显。一是国债对于投资的拉动作用较直接。与股票市场相比，由于股票还存在募集资金转为投资的过程，在这一过程中企业很可能改变募集资金的用途。国债是根据国家的投资需要，直接投向具体项目，见效快。同时，发行国债进行相关项目的建设，还存在投资波及效应，即在已定的投资规模基础上再增加新的投资，不仅会因投资拉动收入增长和消费增长而形成投资乘数，还有可能因投资于某一产业而引起关联投资。二是国债市场规模较大。由于股票市场发展时间短，只有少数企业才能通过发行上市筹集资金实现资本集中。大型项目仍需要依靠国家国债项目来解决，与股票市场相比，我国国债市场规模较大，对投资的拉动作用相对要强一些。

第二节　我国股票市场功能绩效实证计量分析

促进经济增长的因素，大体可分为资本（包括投入生产的各种原材料、设备、资金等）、劳动、技术以及制度因素等几个部分。根据许多经济学家的研究，在发展中国家的经济增长中，资本的作用最大，其对经济增长的贡献往往可以占到整个经济增长率的 60% ~70%，甚至达到 80% 以上。而中国经济自改革开放以来，呈现出明显的投资推动的特点，持续的资本形成增长支持了经济增长的高速度，两者之间表现出很高的关联度。而股票市场作为一国融通资金的重要场所，其对一国的资本形成具有重要的影响，从而也对一国经济的发展起着不可忽视的作用。我国股票市场自 20 世纪 90 年代初建立起来以后，规模不断扩大，筹资额不断增多，已成为我国企业筹集生产资金的重要场所，其在国民经济中的地位也不断提高。

从图 4 - 2 中可以看出，GDP 与股票市价总值总体上处于上升趋势。尤其是 GDP 的增长比较平稳，其增长率基本上稳定在 8% 的水平，而市价总值在 1995 年以前增长比较缓慢，1995 年以后出现加速增长的势头，而到了 2001 年后，股市出现了一个相对较长的调整期，市值增长十分缓慢，甚至一度下降，但在 2006 年，股市的市价总值急剧增长，从 2005 年末的 36467.59 亿元增长到 2006 年末的 107434.73 亿元，几乎增长了 2 倍。从相关的统计中也可以知道，在 2006 年，我国股市处于牛市，每天都有大量资金流入股市，因而股市的市价总值迅速增长也就不足为奇。到 2007 年下半年股市开始下滑。

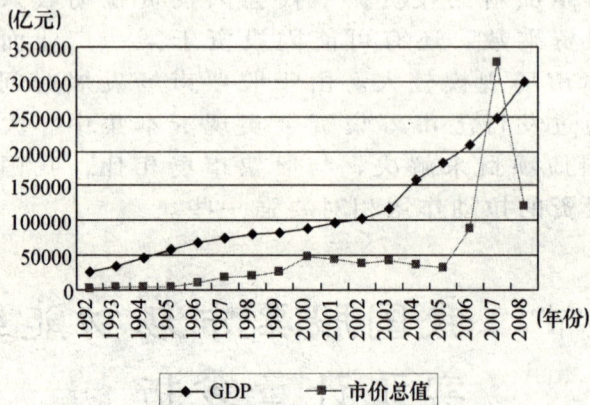

图 4 - 2 1992 ~ 2008 年 GDP 与股票市价总值变动情况

虽然从直观上，我们知道股市市价总值和 GDP 都在增长，但两者之间是否存在相关关系？股市发展是否促进了我国经济的增长？促进作用有多大？这还需要进一步的实证分析。为了准确地知道我国股市与经济增长之间的关系，我们需要对两者之间的关系建立计量经济模型检验。为了检验方便，这里对股市发展指标与经济发展指标之间建立线性回归模型，运用最小二乘法对两者的关系进行检验。

在指标的选取上，选用季度 GDP 的增长率作为经济发展的指标，用 GY 来表示（注意，这里运用的是 GDP 的同比增长率）。在股市的发展上，本书选用三个指标。第一个指标是每季的平均市价总值与季度 GDP 的比率，它反映了股票市场的规模，用 CAPITALIZATION 来表示这一指标。每季的平均市价总值是该季度三个月月末市价总值的算术平均值，市价总值等于在上交所和深交所上市的股票市价总值之和。后两个指标用来反映股票市场的流动性，一个是每季的总成交金额与季度 GDP 的比率，这里用 VALUE 来表示，每季的总成交金额等于该季度三个月上交所和深交所股票成交金额之和。另一个指标是季度周转率，这里用 TURNOVER 来表示某季度的周转率等于该季度的股票总成交金额除以该季度的股票平均市价总值。从而得到回归模型：

$$GY = \alpha + \beta_1 CAPITALIZATION + \beta_2 VALUE + \beta_3 TURNOVER$$

表 4 – 6　1998 ~ 2010 年季度 GDP 和股票市场的增长情况

单位：亿元

时期	季度国内生产总值（现价）_ 累计	季度平均股票市价总值	每季的总成交金额
1998 年第一季度	17501.3	36257.17333	4495.689999
1998 年第二季度	37222.7	21518.54000	7579.449999
1998 年第三季度	57595.2	33374.37667	7378.130001
1998 年第四季度	84402.3	20350.53667	4917.939999
1999 年第一季度	18789.7	19464.22000	2927.660000
1999 年第二季度	39554.9	23987.55333	13294.940000
1999 年第三季度	61414.2	29229.63667	11228.260000
1999 年第四季度	89677.1	27387.49333	3868.730001
2000 年第一季度	20647.0	33672.19333	18937.820000
2000 年第二季度	43748.2	39103.62333	16018.710000
2000 年第三季度	68087.5	42990.93333	14500.190000
2000 年第四季度	99214.6	45776.28333	11369.940000
2001 年第一季度	23299.5	48545.06000	10058.850000
2001 年第二季度	48950.9	52614.32333	14765.150000
2001 年第三季度	75818.2	46775.60667	7358.169999
2001 年第四季度	109655.2	44231.97667	6123.009999
2002 年第一季度	25375.7	40818.67333	7891.140000
2002 年第二季度	53341.0	44986.83333	8953.430001
2002 年第三季度	83056.7	45513.85000	6425.310000
2002 年第四季度	120332.7	40454.21000	4720.580001
2003 年第一季度	28861.8	42732.40333	6673.850001

时　期	季度国内生产总值 （现价）＿累计	季度平均股票 市价总值	每季的总成交 金额
2003 年第二季度	59868.9	42898.98667	11353.730000
2003 年第三季度	93329.3	40290.72667	5447.160000
2003 年第四季度	135822.8	40363.35333	8640.540000
2004 年第一季度	33420.6	48105.07333	16415.540000
2004 年第二季度	70405.9	43651.89333	9620.970000
2004 年第三季度	109967.6	40112.39667	8337.690000
2004 年第四季度	159878.3	38418.80333	7959.770001
2005 年第一季度	39117.0	36041.15333	6702.300000
2005 年第二季度	81913.0	32263.81333	7508.400000
2005 年第三季度	126657.0	32736.85000	10896.080000
2005 年第四季度	184937.0	31632.88000	6556.400001
2006 年第一季度	45316.0	35346.66667	11194.500000
2006 年第二季度	95429.0	41726.76667	26879.100000
2006 年第三季度	147341.3	49784.13333	20142.600000
2006 年第四季度	216314.4	74094.16667	32252.900010
2007 年第一季度	54755.9	115515.80000	75032.400000
2007 年第二季度	115998.9	168300.63330	162147.500000
2007 年第三季度	180101.1	228478.53330	133988.400000
2007 年第四季度	265810.3	299087.00000	89387.900010
2008 年第一季度	66283.8	262092.32000	96174.600000
2008 年第二季度	140477.8	214382.01670	73230.909990
2008 年第三季度	217026.1	161827.96330	46610.769990
2008 年第四季度	314045.0	118639.49330	51096.420000
2009 年第一季度	69754.8	144986.31000	92861.529990
2009 年第二季度	148080.7	183496.00330	128994.750000
2009 年第三季度	231139.4	206577.30000	165631.890000
2009 年第四季度	340506.9	233111.39000	148498.570000
2010 年第一季度	81622.3	235970.40000	116334.810000
2010 年第二季度	172839.8	210894.55330	110084.590000

数据整理后得到表 4－7。

表 4 - 7 1998 ~ 2010 年季度 GDP 的增长率和股票市场发展的三个指标

时期	季度 GDP 的增长率 GY（%）	季度平均股票市价总值与 GDP 的比值（CAPITALIZATION）（%）	季度的总成交金额与季度 GDP 的比值（VALUE）（%）	季度的股票总成交金额以该季度的股票平均市价总值之比（TURNOVER）（%）
1998 年第一季度	7.6	207.1684580	25.687748900	12.39944978
1998 年第二季度	7.2	57.8102609	20.362440120	35.22288222
1998 年第三季度	7.5	57.9464550	12.810321000	22.10716944
1998 年第四季度	7.8	24.1113532	5.826784340	24.16614401
1999 年第一季度	9.1	103.5898390	15.581196080	15.04123977
1999 年第二季度	8.3	60.6436961	33.611360410	55.42432701
1999 年第三季度	8.1	47.5942643	18.282840120	38.41395679
1999 年第四季度	7.6	30.5401193	4.314066803	14.12590029
2000 年第一季度	9.0	163.0851620	91.721896640	56.24171795
2000 年第二季度	8.9	89.3833880	36.615700760	40.96477164
2000 年第三季度	8.9	63.1407135	21.296405360	33.72848384
2000 年第四季度	8.4	46.1386563	11.459946420	24.83805843
2001 年第一季度	8.5	208.3523680	43.171956480	20.72064593
2001 年第二季度	8.1	107.4838730	30.163183930	28.06298564
2001 年第三季度	8.0	61.6944304	9.705018055	15.73078475
2001 年第四季度	8.3	40.3373271	5.583875638	13.84294906
2002 年第一季度	8.9	160.8573290	31.097230820	19.33218147
2002 年第二季度	8.9	84.3381889	16.785268370	19.90233439
2002 年第三季度	9.2	54.7985292	7.736052600	14.11726321
2002 年第四季度	9.1	33.6186340	3.922940315	11.66894620
2003 年第一季度	10.8	148.0586910	23.123471170	15.61777359
2003 年第二季度	9.7	71.6548770	18.964320370	26.46619625
2003 年第三季度	10.1	43.1705013	5.836495077	13.51963702
2003 年第四季度	10.0	29.7176566	6.361627061	21.40689335
2004 年第一季度	10.4	143.9383890	49.118029000	34.12434254

续表

时期	季度 GDP 的增长率 GY（%）	季度平均股票市价总值与 GDP 的比值（CAPITALIZATION）（%）	季度的总成交金额与季度 GDP 的比值（VALUE）（%）	季度的股票总成交金额以该季度的股票平均市价总值之比（TURNOVER）（%）
2004 年第二季度	10.9	62.0003343	13.665005350	22.04021238
2004 年第三季度	10.5	36.4765592	7.581951411	20.78581858
2004 年第四季度	10.1	24.0300299	4.978643131	20.71842252
2005 年第一季度	11.2	92.1368033	17.133982670	18.59624174
2005 年第二季度	11.0	39.3879034	9.166310598	23.27189264
2005 年第三季度	11.1	25.8468541	8.602824952	33.28383763
2005 年第四季度	11.3	17.1046789	3.545207287	20.72653518
2006 年第一季度	12.4	78.0004119	24.703195340	31.67059600
2006 年第二季度	13.1	43.7254573	28.166595060	64.41692502
2006 年第三季度	12.8	33.7883087	13.670708760	40.45987879
2006 年第四季度	12.7	34.2529978	14.910195530	43.52960761
2007 年第一季度	14.0	210.9650280	137.030712700	64.95423137
2007 年第二季度	14.5	145.0881290	139.783653100	96.34396307
2007 年第三季度	14.4	126.8612650	74.396214130	58.64375881
2007 年第四季度	14.2	112.5189660	33.628456090	29.88692254
2008 年第一季度	11.3	395.4093160	145.095181600	36.69493253
2008 年第二季度	11.0	152.6091790	52.129881010	34.15907319
2008 年第三季度	10.6	74.5661298	21.477034320	28.80266738
2008 年第四季度	9.6	37.7778641	16.270413480	43.06864315
2009 年第一季度	6.5	207.8513740	133.125648700	64.04848154
2009 年第二季度	7.4	123.9162180	87.111115760	70.29839761
2009 年第三季度	8.1	89.3734690	71.658873390	80.17913391
2009 年第四季度	9.1	68.4601076	43.611031080	63.70283751
2010 年第一季度	11.9	289.1004050	142.528218400	49.30059448
2010 年第二季度	11.1	122.0173560	63.691690220	52.19887772

　　资料来源：1985 ~ 2009 年《中国统计年鉴》、《中国证券期货统计年鉴》和《中经网统计数据库》整理后的数据。

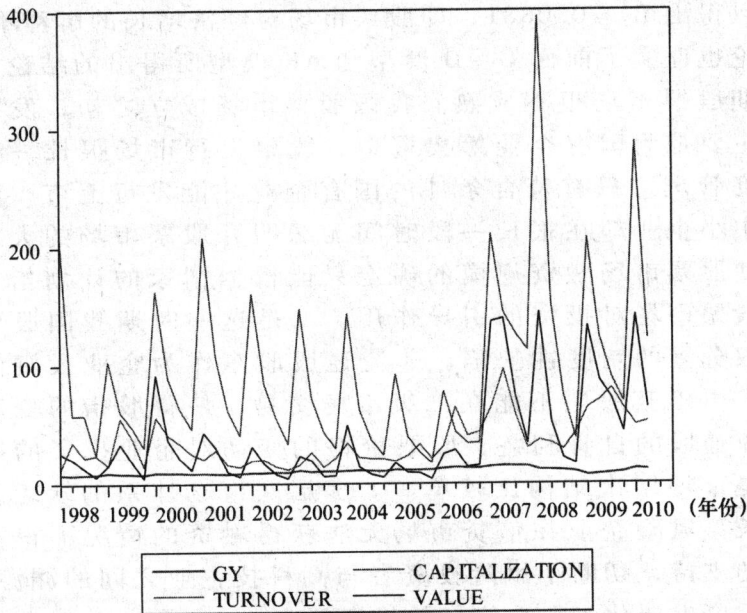

图 4 - 3 季度 GDP 的增长率和股票市场发展的三个指标

表 4 - 8 1998~2010 年季度 GDP 的增长率和股票市场发展指标回归分析

Sample（adjusted）：1998Q1 2010Q2

Icluded observations：50 after adjustments

Variable	Coefficient	Std. Error	t – Statistic	Prob.
C	9. 392546	1. 117413	8. 405616	0. 0000
CAPITALIZATION	– 0. 003539	0. 010176	– 0. 347769	0. 7296
TURNOVER	0. 011490	0. 032264	0. 356136	0. 7234
VALUE	0. 014280	0. 025966	0. 549964	0. 5850
R – squared	0. 088144	Mean dependentvar		9. 984000
Adjusted R – squared	0. 028675	S. D. dependentvar		2. 034735
S. E. of regression	2. 005350	Akaike info criterion		4. 306132
Sum squared resid	184. 9856	Schwarz criterion		4. 459094
Log likelihood	– 103. 6533	Hannan – Quinn criter.		4. 364381
F – statistic	1. 482190	Durbin – Watson stat		0. 341470
Prob（F – statistic）	0. 231810			

可以得出 $R^2 = 0.0881$，即股票市场对经济增长的解释不显著。这个结论也证实了前面 C－D 模型和 AK 模型所得出的结论。一是这一时期股票市场很不成熟。我国股票市场成立之初，发行股票的目的主要是为国有企业筹集资金，股票发行市场很长一段时间实行额度管理，只有符合条件的国有企业才能发行上市，而业绩良好的中小企业却在很长一段时间无缘叩开股票市场的大门。额度管理使股票市场融资规模的确定只能根据国家的计划指标，难以发挥股票市场对投资的引导作用。二是这一时期我国股票市场存在股权分置的制度性缺陷。非流通股股东作为企业投资的主要决策者，由于其股票不能在二级市场交易，使得股指的变动无法影响非流通股的自身利益，股票价格的变动对企业投资的影响较弱。三是市场层次结构比较单一。多层次市场体系的缺乏，使得大量成长型风险企业在信贷市场无法获得融资的情况下得不到股票市场的支持，切断了风险投资者与高科技企业之间的渊源关系，在一定程度上弱化了股票市场的投资效应。

第三节　　我国债券市场功能绩效
实证计量分析

要探讨债券市场对经济增长的影响路径，首先应当客观得出债券市场在经济发展中的功能及其发挥的作用。根据美国麻省理工大学斯隆管理学院教授 Robert. Merton 和 Zvi. Bodie 于 1993 年提出的基于功能观点的金融体系改革论，按照他们的观点将债券市场的功能加以归纳。

债券市场就是发挥着这样一个将资本的需求者和供给者联系在一起的纽带作用，它的发展必然促进经济增长，同时也伴随着经济的增长而发展。其主要功能体现为在一个不确定的环境中使资源得到高效的配置，从该基本功能出发，可以得到债券市场的以下核心功能：债券市场提供了清算和支付的途径，促进了商品、劳务和资产的交易；聚合资源细分股份，债券市场有利于资金的集聚，满足企业的不可分项目对资金的需求，进一步改善或者提高了全社会边际资本生产率；促进了风险的分担和资金的有效配置，使资金流向边际增长最高的地方；低成本、高效率、快速地提高价格信息有利于投资者决策的判断，同时也影响了私人储蓄和企业储蓄配置，有效地增加了投资向储蓄的转化比率。

考虑到债券市场流动性较弱，数据采用 1992~2008 年 GDP 与债券余额来考察债券市场对经济增长的贡献。

表 4-9　1992~2008 年中国 GDP 与债券余额状况统计表　　　单位：亿元

年份	GDP	债券余额（K）
1992	26923.47645	2247.88
1993	35333.92471	2451.97
1994	48197.85644	3063.80
1995	60793.72921	5655.40
1996	71176.59165	7468.75
1997	78973.03500	9658.75
1998	84402.27977	13563.76
1999	89677.05475	17768.11
2000	99214.55431	21264.91
2001	109655.17060	24152.48
2002	120332.68930	29390.20
2003	135822.75610	34253.60
2004	159878.33790	40657.60
2005	183217.40000	48477.10
2006	211923.50000	57178.29
2007	257305.60000	89767.30
2008	300670.00000	99304.45

资料来源：1985~2009 年《中国统计年鉴》、《中国证券期货统计年鉴》和《中经网统计数据库》整理后的数据。

建立债券市场对经济发展的功能绩效模型：

$$GDP = \alpha_0 + \beta_0 K + \varepsilon$$

使用 Eviews 6.0 回归得：

表 4 - 10 1992 ~ 2008 年中国 GDP 与债券余额回归分析

Sample：1992 2008
Icluded observations：17

Variable	Coefficient	Std. Error	t - Statistic	Prob.
C	44072.52	4060.830	10.85308	0.0000
K	2.615448	0.098378	26.58579	0.0000
R - squared	0.979219	Mean dependentvar		121970.5
Adjusted R - squared	0.977833	S. D. dependentvar		77862.37
S. E. of regression	11592.52	Akaike info criterion		21.66424
Sum squared resid	2.02E + 09	Schwarz criterion		21.76226
Log likelihood	- 182.1460	Hannan - Quinn criter.		21.67398
F - statistic	706.8041	Durbin - Watson stat		1.172951
Prob（F - statistic）	0.000000			

可以得到 $R^2 = 0.979$，调整后的 $R^2 = 0.977$，即债券市场的发展对经济增长的解释能力很强，结果符合前面各模型的结论。对模型进行自相关检验：

表 4 - 11 1992 ~ 2008 年中国 GDP 与债券余额回归分析残差自相关检验

Sample：1992 2008
Included observations：17

Autocorrelation	Partial Correlation		AC	PAC	Q-Stat	Prob
		1	0.280	0.280	1.5777	0.209
		2	-0.025	-0.112	1.5911	0.451
		3	-0.186	-0.161	2.3894	0.496
		4	-0.193	-0.107	3.3103	0.507
		5	-0.116	-0.056	3.6722	0.598
		6	-0.049	-0.051	3.7437	0.711
		7	0.085	0.065	3.9762	0.773
		8	0.139	0.062	4.6721	0.792
		9	0.065	-0.017	4.8441	0.848
		10	-0.058	-0.068	4.9970	0.891
		11	-0.198	-0.145	7.1085	0.790
		12	-0.269	-0.182	11.773	0.464

通过结果可以得到，模型不存在自相关。

第四节　我国基金市场功能绩效实证计量分析

自20世纪90年代以来，随着金融证券化、市场自由化以及交易技术的日益复杂化，证券投资基金业已成为同银行业、保险业并列的全球第三大金融产业。金融投资的基金化已经成为国际化的潮流与趋势，作为国际金融市场的主流投资工具之一，证券投资基金在中国自诞生之日起就受到了管理层、研发人员和广大投资者的关注。

建立模型：

$$GDP = \alpha_0 + \beta_0 K_1 + \varepsilon$$

其中，K_1 表示历年的基金规模。

表 4-12　1992~2008 年 GDP 与证券投资基金规模统计表

单位：亿元

年份	GDP	证券投资基金规模
1998	84402.27977	120
1999	89677.05475	510
2000	99214.55431	562
2001	109655.1706	804.23
2002	120332.6893	1318.85
2003	135822.7561	1614.67
2004	159878.3379	3308.79
2005	183217.4	4714.18
2006	211923.5	6220.67
2007	257305.6	22339.8
2008	300670	25741.79

数据来源：根据 1992~2009 年《中国统计年鉴》、《中国证券期货统计年鉴》和《中经网统计数据库》数据整理所得。

对模型回归有：

表 4 - 13　1992~2008 年 GDP 与投资基金规模回归分析

Sample：1992 2008
Icluded observations：11

Variable	Coefficient	Std. Error	t - Statistic	Prob.
C	114499.6	10372.10	11.03919	0.0000
K_1	7.324425	0.977236	7.495040	0.0000
R - squared	0.861912	Mean dependentvar		159281.8
Adjusted R - squared	0.846568	S. D. dependentvar		71786.98
S. E. of regression	28119.21	Akaike info criterion		23.48926
Sum squared resid	7.12E+09	Schwarz criterion		23.56160
Log likelihood	-127.1909	Hannan - Quinn criter.		23.44366
F - statistic	56.17562	Durbin - Watson stat		0.931819
Prob（F - statistic）	0.000037			

可以得到 $R^2 = 0.861$，调整后的可决系数是 $R^2 = 0.846$，即模型通过显著性检验，得到模型 $GDP = 114499.6 + 7.32K_1 + \varepsilon$。对残差进行检验有：

表 4 - 14　1992~2008 年 GDP 与投资基金规模回归分析残差自相关检验

Sample：1992 2008
Included observations：17

Autocorrelation	Partial Correlation		AC	PAC	Q-Stat	Prob
		1	0.466	0.466	3.1090	0.078
		2	0.195	-0.029	3.7111	0.156
		3	-0.018	-0.125	3.7170	0.294
		4	-0.193	-0.172	4.4811	0.345
		5	-0.290	-0.150	6.4800	0.262
		6	-0.338	-0.162	9.7464	0.136
		7	-0.297	-0.106	12.891	0.075
		8	-0.136	0.023	13.769	0.088
		9	0.100	0.146	14.487	0.106
		10	0.010	-0.246	14.502	0.151

结果显示模型不存在自相关。

第五章 影响我国资本市场结构的功能绩效因素分析

第一节 影响我国资本市场功能绩效总体性因素分析

一、信息披露不完善

Farma 在探讨市场有效性的条件时给出了市场有效的两个充分条件，分别是：在证券交易中，没有交易成本；一切信息都将无偿地供给所有投资者；在所有投资者心目中，对信息的解释基本一致（Farma，1970）。就我国的证券市场来讲，远不具备这两个条件，尤其是我国证券市场在信息披露的充分性、分布的对称性及时效性不仅与 Fama 的条件相差甚远，而且与西方发达国家的情况存在较大差距。①信息披露不充分性。按照市场有效性理论的要求，上市公司所有与证券发行、交易有关的信息资料包括历史数据、公司的经营和债务状况、管理状况、盈利机会等应尽可能详细地公开，不得故意隐瞒、遗漏。而实际上，我国的许多上市公司以自身利益为中心，报喜不报忧，只公布对自己有利的信息，甚至有的公司发布虚假信息。这使投资者无法获得全面、准确的信息，难以做出准确的投资决策，降低了市场效率。②信息披露分布的不对称性。一方面由于缺乏有效、权威的信息公布和传递渠道，使得各种各样的小道消息和谣言满天飞，低质量的信息传播泛滥。另一方面，部分公司对其信息公开化不够，大多数投资者不能获得应该获取的信息，极少数投资者却能通过采取不法手段获得公司的内幕信息。③信息披露存在的时滞性。有的上市公司故意拖延信息的公布，不按期公布财务报告，不及时公布重大投融资事项、委托理财事项等。另外，我国股市对信息的反应相对于西方国家的股市来说比较慢，西方国家股市对信息的反应几乎是瞬时的，一般仅为 5~10 分钟，我国则迟钝得多，对信息的完全吸纳花费的时间更长。④信息开发不充分。信息的开发是费时又费财的，只有机构投资者才有能力承担，对个体投资者来讲无力承担。我国的证券市场上机构投资者不仅数量少，而且规模小，存在时间短，缺乏专业的信息开发人员，市场信息开发严重不足，大部分投资者依靠各种"小道消息"进行投资决策。

二、上市公司的股权结构不合理

中国股市所特有的一个现象是在上市公司的股权结构中，未上市流通的国有股、法人股占了 70% 的比重，而上市流通的社会公众股仅占总股本的 30% 。这种以未流通股占较大比例的扭曲的股权结构严重影响了证券市场配置资本功能的发挥。①由于国有股、法人股不能上市流通，可流通的股份相对于需求而言则十分稀缺，再加上中国股市投机性大于投资性等原因，最终导致股票价格狂升，风险急剧加大，可以说股权结构扭曲是中国股市过度投机的制度原因之一。②由于国有股股东仍是"没有人格化的产权主体"，不能有效地检查和监督经营者的行为，形成"内部人控制"。这在一定程度上加大了证券市场的信息不对称，影响信息充分披露和均匀分布。同时，占股本 70% 的股票不能"用脚投票"，对信息反应能力较差，也造成信息交流机制残缺不全。③金融资产的高度流动性是金融市场有效性的重要成因，但因国有股和法人股不能上市流通，从而限制了作为金融资产的证券的高度流动性，降低了证券市场的竞争程度。另外，对国有股、法人股流通性的限制也违背了证券市场"公开、公平、公正"的原则，剥夺了它们的基本权利，使其处于一种不利的竞争地位，造成股市脱节和利益转移，最终妨碍国有资产的保值增值和国有资本"控制力"的发挥，不利于国有控股公司和证券市场的规范发展。

三、国内机构投资者数量过少

机构投资者是证券市场上的重要参与者，他们对信息的不断挖掘会使股价充分反映信息并达到有效。但是我国证券市场上机构投资者很少，成熟的机构投资者更少，机构投资者数目与个体投资者数目之比大大低于国外发达、高效的市场。机构投资者数目少，使他们之间的竞争不够激烈；掌握的资产规模小，使其投资于信息开发获得的收益不足以弥补其信息开发的费用；缺乏高水平、高素质的信息开发人才，即使投资于信息的开发，也不能获得有效的信息、取得相应的收益，因此缺乏市场信息开发的压力和动力。另外，我国虽然于 1997 年 11 月颁布了《证券投资基金管理办法》，但长期以来缺乏健全的机构投资者管理法规，使我国对机构投资者的管理缺乏法律依据，管理不规范，违规现象时有发生。机构投资者无法成为真正的市场操纵力量，降低了市场效率。

四、证券品种结构比例失调

资本市场的三大基本证券品种是股票、债券和基金。在美国，这三种证券所占市场份额为，公司债券占 50% ~ 60%，政府债券占 20% 多，股票占 20% 左右。而在我国，股票成为了人们关注的焦点，把资本市场中作为主体部分的公司债券扔到了一边，这就使得我国资本市场本身存在着品种结构方面的严重缺陷。据相关数字统计，2002 年底，我国资本市场国债和金融债券余额加起来2.7 万多亿元，股票按可流通市值计算为 1.3 万亿元，企业债券实际上还是公司债券（企业债券带有很强的市政债券的色彩，一定意义上属于政府债券的范畴，暂且把它单列为公司债券）（王国刚，2003）。

从发展的角度看，公司债券作为介于国债（低风险、低利率）和股票（高风险、高收益）之间的基础性证券，是实现货币市场与资本市场连接的有效工具。我国的资本市场品种的结构失衡、资本市场畸形发展与企业融资顺序异常，均有一个共同的引致原因，就是中国资本市场的初始定位及功能性缺陷（王静，2005）。

五、资本市场层次结构缺损

1998 年，中国证监会取消了包括 STAQ、NETS 在内的全国 26家证券交易中心，将股票交易集中于沪、深两个交易所，从而形成了统一标准、方便监管、单一层次的全国资本市场。各地虽然建立了许多产权交易中心，但因前提条件制约（企业法人治理结构尚未真正建立）而使大多数交易中心处于有场无市的状态。做一横向比较，资本市场发展状态良好的国家及地区都有多层次的资本市场体系，包括几家证券交易所（美、日在 7 家以上），涵盖全国的场外交易系统，以私下交易为主要内容的无形市场等。筹资者与投资者层次的多元化及其需求的多样性客观上要求有多层次的资本市场来提供立体化的金融服务（王静，2005），我国仅有的两家证券交易所——上海证券交易所和深圳证券交易所 2003 年底的公司债券余额只有 700 亿元，占三大品种比重的 1.6%（非常之低）。而我国的资本市场则主要分布在东部经济发达地区，这样一方面造成我国上市公司分布结构严重失衡；另一方面，影响了证券市场的资金配置效率。由于我国地域辽阔，区域经济发展不平衡，在相对欠发达地区，企业资金紧张，融资手段较为欠缺，但证券市场又不能把资金合理地配置到这些地区，形成资金供求矛盾（田银华、刘凤根、张敏，2004）。

第二节　影响我国股票市场功能绩效波动的因素分析

一、股票市场内部结构失衡

与成熟的证券市场相比，中国证券市场最突出的问题之一就是股票市场内部结构失衡，具体表现为市场分割、结构扭曲。首先，股权结构失衡是我国股票市场内部结构失衡的主要表现。从普通股来看，人们人为地将其划分为可流通股和不可流通股，同时又将不可流通股划分为国家股、法人股、内部职工股等，这部分股份比重非常大，占到总股本的 70% 左右；在可流通股当中，又划分为 A 股、B 股、H 股，这种独具中国特色的股票市场结构直接导致了股票市场的同股不同权、同股不同利问题，妨碍了证券市场效率（田银华、刘凤根、张敏，2004）。

二、投资者构成比例失衡

统计显示，截至 2005 年 6 月，中国有 7273.9 万左右的投资者

（按开户数计算），而其中机构投资者还不到1%，所以说中国股票市场属于散兵式的"游击战"。由于机构的资金量比较大，信息的来源渠道多，获得信息的时间又要早于散户，加之机构当中的专业人才较多，所以中国股票市场一直是"机构在愚弄散户"，由于股票市场中可以交易的股票只是社会公众股，而其占上市公司全部股本的比重不足25%，在股票需求超过股票供给、冲动多于理智的环境下，股票价格具有很强的投机性（娄树木、吴盛，2001）。

第三节　影响我国债券市场功能绩效因素分析

一、目前我国债券市场发展尚处于初级阶段

资源配置功能、投融资功能、风险规避功能、价格发现功能等方面的市场绩效尚未得到充分发挥。实际上，市场绩效发挥不充分是新兴市场发展必须要经过的阶段。目前，我国债券市场现存的这些问题都是新兴市场发展所面临的共有问题。但具体到每个国家债券市场的实际，只有找准存在问题的根源所在，才能正确把握债券市场的发展方向，才能找到切实解决存在问题的正确方法。根据 SMP 分析框架的基本逻辑关系，市场绩效的高低或发挥程度是受投资者结构和市场模式两个因素共同制约或决定的。下面，本书将从投资者结构与市场发展模式以及债券市场的外部生态环境等方面展开分析，以探求我国债券市场存在问题的最本质原因。

二、投资者结构不合理

根据债券市场的 SMP 分析框架，投资者结构是决定市场模式和市场绩效的基础。也就是说，一国债券市场的投资者定位和投资者素质是决定该市场发展水平的关键因素之一。投资者定位是债券市场发展的逻辑主线，定位的正确与否将决定市场的发展模式，决定市场的发展方向是否正确；投资者的素质和水平则在很

大程度上决定了债券市场的绩效发挥、决定了债券市场的发展水平。从投资者的组成结构和成熟度上来看，目前在我国债券市场的投资者结构方面主要存在着企业债券市场投资者定位错误、机构投资者趋同和投资者素质总体水平不高等问题，正是这些问题的存在严重制约了债券市场功能的充分发挥。

三、企业债券市场的投资者定位错误

作为一种固定收益工具，债券具有相对确定的未来现金流，收益相对稳定，安全性相对较高，但对少量资金而言，其交易成本较高，投资收益率较低，因而通常由拥有大量资金且看重投资安全性的机构投资者持有，并主要通过大额交易来取得规模效应，提高收益。与国债相比，公司债券具有信用风险且信用等级差异很大。这就要求投资者应具有专业的知识和技能，具备较强的市场分析、风险识别和风险承受能力，能够进行大量的信息收集和处理工作，对债券的投资价值进行准确评判，而这些往往是个人投资者所不具备的。个人投资者除了将具有政府信用的国债作为储蓄替代品，或通过投资基金产品来分享债券市场的收益，一般对于债券投资并不感兴趣。债券的内在属性决定了其必然是以机构投资者为投资主体，发展我国债券市场必须牢牢把握住以机构投资者为主体这一投资者定位。

从发达债券市场的发展经验看，债券市场尤其是公司债券市场也主要定位于机构投资者。在美国等绝大多数发达市场中，95%以上的债券都由保险公司、共同基金、商业银行、养老金、工商企业和外国政府机构等机构投资者持有，个人投资者一般通过购买债券基金和债券信托等方式间接投资债券。新兴市场国家也呈现出类似的特点，如韩国公司债券的最大持有人是投资信托公司，持有量为37%左右，其次是银行，持有量为20%左右。在我国这样的转轨国家和新兴市场中，由于金融基础设施和金融服务的不足，机构投资者还没有完全发展起来，债券品种主要是具有政府信用的债券，在债券市场发展之初投资者定位偏重个人和中小投资者合乎当时的市场环境。但随着我国市场经济体系的逐步建立和金融体系的逐步完善，仍以个人和中小投资者为投资者主体，就必然导致投资主体的错误定位。这也是自20世纪80年代末期以来，我国债券市场经过多年的发展但仍然滞后的主要原因之一。

1997 年以后，随着银行间债券市场的建立和发展，整体而言，我国债券市场的投资者定位不断从个人等中小投资者向金融机构等合格机构投资者调整。目前，国债、金融债、短期融资券、资产支持证券等大多数债券品种都主要或完全定位于机构投资者，债券市场的发展逻辑从根本上得到了矫正，从而在近几年取得了快速的发展，市场筹资量、存量、交易量等规模已远远超过股票市场。

然而，目前我国以非金融机构为发行主体的企业债券市场发展仍严重滞后，以至于影响到我国债券市场资源配置功能的发挥和金融体系融资结构的优化。其关键就在于投资者的定位尚未从根本上转变。正是由于长期以来我国企业债券主要面向风险识别能力和承受能力较差的散户和中小机构投资者发行，加之企业诚信普遍缺失、信息不透明和监督机制不完善，为了保证企业债券到期能够按时兑付，这样的投资者定位使得监管部门对企业债券采用了以零风险为目标的计划管理理念，对发行人资质、发行额度、发行利率等进行严格控制，极大地抑制了公司债券市场规模的扩张。同时，强制要求担保，信用风险往往转移到了商业银行尤其是国有银行身上，抹杀了企业债券的信用差异，这必然使市场化的风险定价机制难以形成，债券信用评级流于形式，投资者不太关注发行人的信息披露，相应的信息披露制度建设也不到位。总结我国公司债券市场发展的经验和教训，错误的投资者定位以及企业信用的缺失是我国公司债券市场存在一系列问题的逻辑根源，是造成目前公司债券市场发展严重滞后的主要原因。

四、机构投资者趋同，类型相对单一

如前所述，债券的属性决定了债券市场是一个以机构投资者为投资主体的市场。机构投资者是债券市场重要的稳定因素和活跃力量，合格的机构投资者是债券市场健康发展的基本要素。银行间债券市场建立以后，一直坚持面向机构投资者的市场定位。经过八年的发展，投资者类型日益丰富，从市场建立之初只有商业银行参与的状况，发展到目前市场参与者类型已包括商业银行、信用社、保险公司、证券投资基金、证券公司以及信托公司、财务公司、租赁公司等非银行金融机构和企事业单位等各类机构，初步形成了多元化的机构投资者格局。但是，从机构投资者的构成来看，我国债券市场的机构投资者类型还相对单一，同质化现象较为严重，这与国外发达债券市场相比还有一定差距。市场的活跃和流动性的提高需要有多样化的市场需求为基础。目前，我国债券市场存在单边市场、流动性不足、创新工具推广困难等问题，市场参与主体同质化严重是症结之一，并且已逐渐成为制约我国债券市场进一步发展的重要因素之一。

第四节　影响我国基金市场功能绩效因素分析

　　鉴于我国证券投资基金发展的历史还较短，证券市场还存在一些体制上的缺陷，为此笔者认为今后我国应该进一步规范证券市场，加快证券市场的法制建设，加强对证券市场的依法监管，减少行政干预，增强证券市场效率；进一步完善证券投资基金的信息披露制度，提高信息的透明度，以有效防止基金利用资金优势操纵市场，破坏证券市场秩序，不利于证券市场的健康发展。

　　总的说来，并没有足够的证据表明基金能够战胜市场，现阶段我国的基金收益率能够明显超过大盘的还只是少数，总体上其平均收益率低于市场基准，没能体现专家理财的形象。出现这种情况的原因之一就在于一些基金经理的投资理念和投资风格还不成熟，甚至"做庄"炒作，使得他们虽然能够"预测"个股走势，但是由于各种原因难以顺利操作。另外，相对于市场上的其他机构投资者如券商和私募基金而言，投资基金的投资情况较为透明，在机构间的博弈中处于相对弱势，从而削弱了证券选择能力对基金业绩的贡献，还有很重要的一点就是上市公司的造假行为让一些基金防不胜防。

第六章　我国资本市场结构的完善

第一节　国际成熟资本市场的结构现状及特点

从国际上看，资本市场比较发达的美国拥有世界上最完善的资本市场，分层结构最为复杂，但也最为合理。美国的市场有四个层次：第一层次，主板市场，包括纽约证券交易所（NYSE）、创业板（NASDAQ）；第二层次，场外柜台交易市场，包括信息公告栏市场（OTCBB）、粉单市场（Pink Sheet）；第三层次，地方性柜台交易市场；第四层次，私募股票交易市场。如果一家公司达不到纽约证券交易所的上市要求，就可以考虑在纳斯达克全国市场或小型资本市场上市，假使还达不到它们的上市要求，可以考虑在柜台交易市场（OTCBB）上市。反之，在纳斯达克的上市公司如果达到了纽约证券交易所上市标准，就可以申请在纽约证券交易所挂牌交易，而在 OTCBB 上市的公司只要达到了纳斯达克的上市标准，同样可以申请进入纳斯达克。粉单市场税费收入几乎为零，为不愿负担在 OTCBB 上挂牌所必须支付的审计、法律费用的上市公司而设立。这是一个多层次、多元化和多重覆盖、风险分散的市场体系。企业在这四个市场上发行上市的条件是逐渐降低的，因此每个市场层次主要针对不同类型的企业。从第一层次到第四层次，市场投资风险逐渐增大，市场流动性逐渐变弱。同时，重要的是建立流动机制，好的企业可以从下一级市场升到上一级市场上市交易，差的企业则可以下降。实践证明，这种机制有利于资本市场效率的发挥。

资本市场应该分层。只有完善的资本市场分层结构，才能有效地推动国民经济发展。我国的经验也表明，资本市场的分层有其内在的合理性：一是在沪、深两个证券交易所设立后，政府才有可能构想通过沪深两市为国有大型企业融资；二是目前在各地方性产权交易市场交易的股票，几乎都是地方中小企业的股票；三是地方性产权交易市场在沪、深市场迅速扩容后，不但没有萎缩，反而越发活跃起来。这表明，不同层次的资本市场有各自的适用范围和服务功能。场内交易和场外交易，全国性市场和地方性市场，难以互相替代，却可以互相补充。当然，中国的资本市场起步较晚，就其规模、管理以及经济基础等方面而言，要想迅速达到美国的分层水平是不现实的。资本市场是为经济发展服务的，其分层结构的建设自然也应当根据经济基础和现实需要而分步进行。

一、美国资本市场

美国是金融深化程度与自由化程度较高的国家，其整个金融结构以直接金融为主，而在资本市场结构中又以债券为主。资本市场内部结构以及成熟的市场规则制度使得美国资本市场成为高度发育的市场，资本市场同宏观经济波动的相关度相对较高，同时资本市场的收益率相对较高。

美国证券市场大致包括全国性证券交易所、区域性证券交易所、场外交易市场等几个层次。美国全国性证券交易所有纽约证券交易所（NYSE）、美国证券交易所（AMEX）和 NASDAQ，集中交易"国家级"上市企业的证券，其公司上市条件依次递减，公司依据自身规模、特性选择融资市场。NYSE 的等级最高，是美国也是世界上最著名的证券交易所，主要交易知名大企业的股票、债券，NASDAQ、AMEX 市场已发展成为与纽约证券交易所不相上下的全球最著名的场外交易市场；区域性证券交易所有太平洋交易所、中西交易所、波士顿交易所、费城交易所等地方性市场，主要交易区域性企业的证券和一些本区域在全国性市场上市的公司股票。地方性证券交易市场为地方中小企业开辟了直接融资的渠道，以更灵活的政策为之服务，同时增加了地方居民和其他投资人的投资选择；场外交易市场包括 OTCBB（Over the Counter Bulletin Board）场外电子柜台交易系统和 NQB（National Quotation Bureau）店头证券市场等场外交易市场。

美国证券市场各层次市场之间建立了升降制度，其分层结构可以应不同规模企业构成不同的融资成本和风险。那些中小企业只有先在底层证券市场中筹措创业资本，接受"层层"关照和挑选"试铺"，在企业成长壮大后才能迈进更高一层的市场，直至申请全国市场挂牌。例如，在 OTCBB 上市的公司，只要净资产达到 400 万美元、年税后利润超过 75 万美元、股东在 300 人以上和股价达到每股 4 美元便可直接升入 NASDAQ 的小型资本市场，净资产达到 1000 万美元以上的可直接升入 NASDAQ 市场。以微软、英特尔、网景、苹果、CMI、通信、思科、Yahoo 等高新技术企业为代表的美国新兴产业都是在 NASDAQ 市场上创建并发展壮大的。以盖茨、克拉克、贝佐斯、葛洛夫、杨致远为代表的现代创业者也都是从这一市场中成长起来的。因此，分层次的证券市场是美国企业获得规模经济必不可少的条件。

在美国，除了纽约证券交易所、NASDAQ、OTCBB 等资本市场之外，还有第四、第五层次市场等，如几家券商约定的不定期交易市场等。总之，美国各层次的资本市场共同形成了一种无缝隙市场结构，为美国各层次企业提供筹资机会。

1. 美国资本市场的资源配置功能

（1）美国企业上市完全由市场机制决定，资源配置按市场规则进行。

由于美国的资本市场是国际资本市场，其资本配置方面的作用已经超出了本国资本配置的范围。在国际资本市场中最具配置效率的应是美国资本市场，这不仅是因为美国资本市场的资产价格被市场充分竞争决定，美国企业上市完全由市场机制决定，资源配置按市场规则进行，更重要的是以 NYSE 和 NASDAQ 为代表的交易市场又是最具流动性、信息反映及时、透明度高的市场，具有相当有效的价格决定机制和价格稳定机制。而且，美国证券监督委员会（SEC）的监管和资本市场制度保证了信息的充分、全面、畅通和准确性，公司的红利率较高，投资者尤其是个人投资者以红利和长期资本增值为主要持有目的，市场的投机性成分较低、投资银行在一级市场业务、经纪交易商在二级市场业务上充分竞争，保证了市场能够给不同企业以不同的价格评价、资本总能流向高效率企业的资本配置的根本原则。

（2）美国资本市场严格、规范的信息披露制度影响资源配置效率。

在市场型金融体制中，信息主要是由资本市场提供的。美国证券市场的发育相对完善，有赖于其制定的严格、规范的信息披露制度。美国有大量的上市公司，SEC 要求广泛公开信息，同时还有众多的分析师密切关注企业与市场的动态，分析、处理这些信息。这有助于企业进行投资决策，因为企业可以根据这些信息决定其是否进入某个产业。股票市场的这种资源配置功能，是美国资本市场最重要的特点。

（3）利用资本市场，调整和优化产业结构。

在美国，证券市场中的新增资本大多投向了电脑软硬件、医疗保健、生物技术以及通信、网络技术等新兴产业领域，这对其高科技产业的发展和经济增长做出了不可估量的贡献。

2. 美国资本市场的"晴雨表"功能

对于资本市场的"风向标"和"晴雨表"功能，从表象上看，是市场经济条件下人们进行交易、判断的重要的参照系，而从实质上看，则反映的是社会政治、经济形势的稳定和发展，尤其在成熟、稳定的市场经济国家。据统计，两百年来美国股市的指标一直是一个领先指标，是美国经济的重要指标之一，而且是最核心的指标。从经济学周期分析角度看，它平均领先 3~6 个月，到现在为止，两百年来没有滞后过，最次也和国民经济同步。尽管包括美国在内的股市走势同经济形势也会发生短期的不协调，但一般说来，特别是从长期趋势来说，股市具有"晴雨表"功能。

美国股市的运行与经济的增长存在密切的关系，经济的繁荣带动股市的上涨，经济的衰退引发熊市的到来。1929 年 9 月至 1932 年 11 月，美国股市连续多次暴跌，最终引发了整个经济体系的危机，迸发了整个资本主义世界的大萧条，致使 5000 万人失业，工业总产值退回到了比 1913 年还低 10% 的水平。1987 年 10 月，股灾同样对美国经济造成了重创，1987 年 10 月 19 日的"黑色星期一"导致美国与房地产有关的金融机构（储蓄贷款协会）的大破产，以致当局耗资巨大、花费了 7 年时间才渡过危机。美国经济在 20 世纪 90 年代的繁荣带动纽约道—琼斯工业指数突破万点大关。全球经济从 2002 年起开始出现了一定程度的复苏迹象，全球主要股市也因此逐步走强。以华尔街为象征的美国股票市场是世界上规模最大、法规和管理最完善的资本市场。道—琼斯工业平均指数和纳斯达克综合指数，是美国股市最具代表意义的市场指数，也是美国经济最敏感的神经。仅纽约股票交易所 2002 年的股票交易额就为 103 万亿美元，占全球股票交易量的 77%，居世界第一，美国的股票市场已成为全球资本市场的"晴雨表"。

二、英国资本市场

英国资本市场是一个典型的交易所中心市场。欧洲债券融资是英国比美、日两国占优势之处，因为伦敦本身就是欧洲债券发行和交易的中心。与为本国企业融资下降相对应的是英国上市公司总量在不断减少，其由最高时 1988 年的 4883 家减少到 1993 年的 2655 家（含 USM 的 256 家），5 年减少了 2218 家，几乎减少了一半。进入 20 世纪 90 年代后，USM 市场的融资规模也不断下降，利用 USM 的新公司家数也在不断下降，由 1988 年新上市的 103 家下降到 1993 年的 13 家。与此同时，英国政府债券的规模不断上升，融资规模也不断创纪录；这是因近年来英国经济不景气、企业竞争力下降、投资需求不足、政府财政赤字过大、社会福利费用高，而且英国又竭力保持自己在国际证券市场的地位等因素综合形成的。

英国历史上曾是资本市场非常发达和资本配置效率最高的国家，但是现在其配置效率却明显下降，一方面是在国际市场上有竞争力的产业不多，企业总体竞争力下降导致了对新资本需求的下降；另一方面是资本市场没有注重对中小企业和高风险、高技术的企业的资本配置使经济结构呆滞，经济缺乏活力，再加上石油危机冲击，使得英国资本市场对本国的资本配置效率在英、美、日三国中是最低的。

三、德国资本市场

金融体系最根本的功能是引导储蓄向投资的转化，因此观察金融体系的方法之一就是比较不同国家的储蓄和金融资产结构、银行与资本市场在资金融通中的相对重要性。德国和美国分别代表了两种不同的类型。在美国，银行资产对 GDP 的比重为 53%，只有德国的 1/3；相反，美国的股票市值对 GDP 的比重为 82%，大约比德国高 3 倍。因此，美国、英国的金融体制常常被称为"市场主导型"，而德国、法国、日本则被称为是"银行主导型"。

德国是最早实行全能化银行结构体制的国家，其拥有强大的银行体系，商业银行在信贷市场和资本市场上处于主导地位，其金融体系的整体特征体现为稳健、平和。长期以来，德国政府紧紧依托稳定的货币体系和健全的资本市场，大大减少了投资者和证券公司的风险，保证了德国证券市场具有充分的流动性和稳定的投资者群体。

四、日本资本市场

日本的融资模式无论是在宏观上还是在微观上都强烈渗透着政府的行为，市场机制作用的广度和深度都极为有限。日本在 20 世纪 70 年代以后尤其是 80 年代处于资本市场发挥越来越大资本配置作用的阶段，目前日本很大一部分资本配置还是通过银行进行的。日本是一个高储蓄率国家，这是银行承担长期资本分配职能的基础，而且日本长期形成的以银行为中心的大企业财团也客观上决定着日本的银行具有重要的长期资本配置职能。所以，尽管日本经济发达，东京的国际金融中心地位日益加强，在经济上能够与美国抗衡，但是其资本市场的资本配置功能还远逊于美国，其在国际资本市场上的配置功能甚至赶不上英国。

更为严重的是，其金融资本的定价和配置也由政府来确定，并且金融资本的定价远远低于市场决定的均衡水平，使得日本的产业投资没有受到以利率预期为主的非产业投资收益的竞争，企业的全要素生产率处于较低的水平，股票价格未能准确反映企业的经营状况，大大降低了股票市场的社会资源配置效率。

第二次世界大战后日本股票价格长期处于不合理的高价位，没有真实反映企业经营业绩和经济发展状况，失去了市场经济"晴雨表"的作用。在 20 世纪 70 年代初期，日本经济结束高速增长以后，股票价格并未随其同步变化，反而大幅度上升。1970 ~ 1989 年，日经平均股价从 1963..4 日元上升到 38915.87 日元，上涨 19 倍多。而在股价大幅度上涨的情况下，应该成为支撑股价上涨的股息、企业的资产收益并未大幅度增长。日本的股价纯资产倍率和股价收益率大大高于其他西方国家，而其股息率却处于美、英等国 20% 以下的低水平。

第二节　我国资本市场的功能取向

从资本市场发展的历史看，由于社会经济环境的发展，资本市场的功能也在发生变化。没有成熟的资本市场，就不会有成熟的现代社会经济，它们是相互联系、互为影响的。当前社会经济的特征是市场化、全球化、社会化。从资源配置角度出发，我国的资本市场应该具备一般市场经济条件下资本市场的五项基本功能，即资金转移、资金分割、风险管理、价格信号、激励机制；同时，作为转型期的中国资本市场，还应具备体制改革的功能。因此，我国的资本市场应具有以下六项最基本的功能。

一、资源转移

资本市场在不同的时间、地区和行业之间可以提供经济资源转移的途径。在空间上，资本市场对于在不同地点之间转移经济资源也扮演着重要的角色。通过发行公司股票，资本市场可以将资本资源从一个地方转移到另一个地方。在时间上，资本市场保证许多资金可以推迟使用时间，也可以提前使用。比如，通过债券、股票融资并投资于生产设备就是将资源从时间上的一点转移到另一点。资本市场有助于资源在时间点之间的这种转移。经济越复杂，资本市场为资源在时间和空间上的转移提供高效率的手段就越重要。总之，资本市场使得稀缺资源在时间和空间上，从收益较低的地方转向收益较高的地方，从而提高了效率。

二、资金分割

资本市场提供了有关机制，可以购买无法分割的大型企业，或者在不同的所有制之间分割一个大型企业的股份。在现代经济中，经营一家公司所需的最低投资往往超过个人或者一个大家族的能力。资本市场提供了很多机制，如债券、股票市场，可以储备和聚集家庭的财富，形成大笔的资金用于办公司。也可以说，资本市场将一个个家庭的资金聚集起来并在投资中分割股份，为单个家庭提供了参与需要大量资金的投资机会，又如在共同基金中，投资者的钱被聚集在一

起，他们用各自的账户表示在基金中所占的比例。共同基金经常公布
股份的价格，允许客户在任何时候添加或取出任何数额的资金。

三、风险管理

在经济活动中，经济风险是不可避免的。当一个人不能决定将
会发生什么时，就存在着不确定性。风险就是不确定性，它之所以
重要，是因为关系到人们的福利。对于风险，人们可以确定通过减
少风险的根本收益方案和决定采取行动计划，这个过程就是风险管
理。风险管理包括了风险回避、风险转移、预防并控制损失、风险
留存等多种方法。资本市场的一个最基本的功能，就是将部分或全
部风险转移给他人。资本市场转移风险主要有两种方法：套期保值、
保险和分散投资。当一种行为不仅降低了一个人面临的风险，同时
也使他放弃了收益的可能性，那么这个人就在套期保值。而保险意
味着支付额外的费用（保险费）以避免损失。通过购买保险，人们
可以用一项确定的损失（为保险而支付的额外费用）替代了如果不
保险而遭受更大损失的可能性。保险和套期保值有着本质的区别。
在套期保值时，人们通过放弃潜在收益降低造成损失的风险。保险
则是通过支付保险费，在保留潜在收益的情况下降低损失的风险。
金融中的许多金融合约是转移风险，而不是转移资金。对保险合约
和担保是这样，对期货、互换和期权这样的衍生金融产品也是这样。
分散投资意味着持有相同数量的多种风险资产，而不是将所有的投
资集中于一项。分散投资降低了人们拥有任何单一资产所面临的风
险。在现代金融理论中，测量风险通常使用标准方差。标准方差是
可能回报与预期回报之差的平方与概率乘积之和的平方根。标准方
差越大，股票的变动越大，风险也越大。其计算公式为：

$$\delta_t^2 = \sum_{i=0}^{T} P_i [r_i - E(r)]^2$$

四、价格信号

金融系统提供价格信息，帮助协调不同经济部门的决策。报
纸、广播、电视每天都播发股票价格和利率。在收到这些报告的
千百万人当中，只有很少一部分人在买卖证券。然而许多不进行
证券交易的人，也利用证券的价格信息制定其他决策。同时，对
资产的市场价格的了解也有利于家庭做出决策。在企业经营选择
投资项目和安排融资时，资产价格和利率将提供关键的信息。在

金融市场上进行交易的企业经理，往往利用这些市场提供的信息做出决策。特别是在资本市场上，当一个新的金融产品诞生时，提取信息的新机会也随之而来。例如，至1973年开始在交易所交易的标准期权合约就大大增加了关于经济和金融变量波动性的信息。这种信息特别有利于制定风险管理决策。因此，价格信号功能是资本市场的一个最基本的功能。目前，比较通用的理论就是建立在有效市场基础上的资本市场的定价模型（CAPM）。资本市场的定价模型被一些学者广泛使用。它的特点是概念简单，在实际的资本预算上相对容易使用。计算公式如下：

$$E_r = r_f + \beta\ (E_{r,m} - r_f)$$

其中，E_r 表示对一只股票的预期收益；β 表示该股票收益和市场（它是一个由所有可得股票组成，并按照价值加权的投资组合）收益的协方差除以市场方差的值；$E_{r,m}$ 表示对市场的预期收益。

这个理论的诱人之处在于：为了做出有效决策，经理人只需要注意两部分信息：预期收益、收益与市场组合收益的协方差。决策不但从股东角度来看是最优的，就其他来讲也是有效的。通过这种价格信号，就可以在不同水平的管理中分散决策。不过，这个理论是在有效市场假定的前提下推导出来的，因此存在局限性。其前提是符合没有不可交易的风险、无限制的卖空、存在安全资产等假定条件。

五、激励机制

当交易中的一方拥有另一方没有的信息，或一方作为另一方代理人为其决策时，金融系统提供解决激励问题的方法。金融市场和中介机构执行了各项职能，可以提高资源和风险配置的效率。但是，激励问题限制了他们执行那些职能的能力。因为合约的各方通常无法方便地监督和控制其他人，所以就出现了激励问题。激励问题有很多种形式，如道德风险、逆向选择和委托—代理人问题。当关键性的任务由他人代办时，会产生一种激励问题。比如，公司的股东将公司的管理权交给了经理，投资于共同基金的投资者将选择证券组合的权利交给了基金公司经理。在这种情况下，承担一系列决策风险的个人和组织就放弃了决策权，或者将决策权转交给其他个人和组织。那些承担决策风险的人被称为委托人，那些行使决策权的人被称为代理人。委托—代理人问题，是指如果委托人知道代理人掌握的情况时，委托人做出的决策与代理人做出的决策不一致，代理人和委托人之间可能存在利益冲突。在极端的情况下，代理人可能损害委托人的利益，如股票经纪人在客户的账户上频繁买卖，这是为了获得手续费。

　　一个职能健全的金融系统有利于克服这些激励问题，即道德风险、逆向选择和委托—代理人造成的问题，而且进入系统能带来其他好处，如储备、风险分担和专业化。委托—代理人问题可以通过金融系统得到缓解。如果对管理者的补偿是基于企业股票的市场价格的变化，管理者和股东的利益就会变得更为一致。又如，管理者如果是由企业的股东选出的，这样当股东和债主之间出现利益冲突时，管理者会以债主的利益为代价保护股东的利益，由此造成的道德风险问题会阻碍对双方有利的贷款协议的实现。通过在贷款协议中加入准权益条件，这一问题可以得到缓解甚至解决，对股东和放款者都有利。资本市场的外部融资对企业产生外部约束，一个外部融资约束产生影响的标准是价值总量之间存在的差额。差额的计算公式为：

$$\text{SUP}\left\{ \sum_{i=0}^{T} [v_i(k_i) - p^* k_i] \right\} - \sum_{i=0}^{T} [v_i(k_i^*) - p^* k_i^*]$$

六、体制改革

　　资本市场在我国这样一个发展中的转型国家中，还有另外不可忽视的功能，那就是，证券市场作为改革的产物，它的建立和发展又反过来推动了各方面的改革。体制改革的功能主要表现在宏观和微观两个方面。在微观上表现在上市公司经营能力和经营机制上，在宏观上表现在对产业结构的调整等方面。例如，在企业制度的改革方面，证券市场在国有企业改革中的作用是人们都承认的，不说从证券市场融资对国有企业改革的作用，仅就国有经济在国民经济中的布局的战略性调整来说，如果没有证券市场，就不会有国有资产的股份化以及股份的证券化，而没有国有资产的股份化和股份的证券化，国有经济的"有进有退"的实施就很困难。而且，如果没有证券市场，现代企业制度的建立就只能停留在口头上。证券市场的发展正在对我国金融制度的改革起着促进作用，目前有必要实行的金融业的分业经营正受到证券市场发展的冲击，而今后在适当时候，分业经营迟早会走向混业经营。

第三节 我国资本市场的功能体系

从 20 世纪 60 年代以来，金融发展理论研究了金融深化与经济增长的关系，并基本得出了两者之间正相关的结论。然而，人们对于资本市场和经济增长的关系一直存在着一定的分歧，对于发达国家、新兴工业化国家和一般发展中国家，资本市场在金融发展中对于经济增长的作用或功能都有着不同的表现。综合理论界对于资本市场对经济增长的贡献描述，可以看出资本市场是通过以下几个方面来影响经济增长的：①风险分散。②公司控制。③资本形成。④产权定位。⑤推动创新。⑥促进金融深化。如果以上这些功能能够较好地发挥，那么资本市场的发展就能够有效地影响经济增长。但是，对于这种影响是否可以带来正面效应却存在着争论。具体地说，一些模型表明资本市场的发展会减缓经济增长，而另一些模型却预测到资本市场与经济增长之间是正相关的关系。

资本市场从流动性、分散风险、获取信息、增强企业约束等方面有助于增进经济运行效率。在现代市场经济中，资金的流动性、经营投资风险的分散、经济信息的获取以及企业约束的增强都已内生化为影响资本交易效率的关键要素，进而直接影响经济运行的效率。股票市场出现以后，股票市场在促进资金的流动性、投资风险的分散、经济信息的获取以及企业约束等方面的功能，直接影响着经济运行效率的改进。

总的来说，我国资本市场的功能目标体系构建如图 6-1 所示。

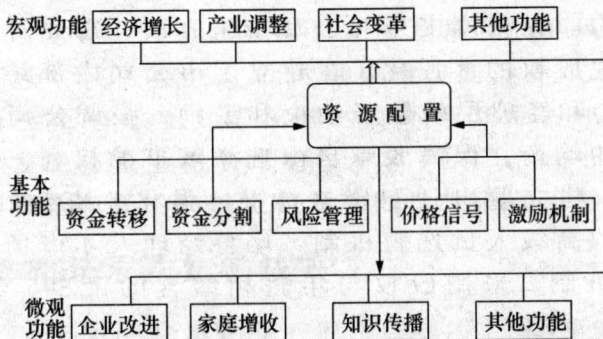

图 6-1 我国资本市场的功能目标体系

第四节　我国资本市场结构的功能完善

在建设完善的社会主义市场经济体制过程中，资本市场归根结底是为经济发展服务的。我国经济已经到了必须在发展中调整结构，在结构调整中保持快速发展的时候。我国资本市场也相应地进入新的发展时期。资本市场发展新时期的特征是：大力发展资本市场，既要在总量规模上把资本市场推上一个更高的水平，又要使资本市场形成合理的结构和多层次的体系，以便其全方位服务于国民经济又好又快发展。

一、股票市场：提高市场运行的有效性

从我国股票市场目前的运行特点来看，其在诸多方面与有效运行的市场标准存在较大差距，呈现出比较明显的弱有效性。我国现有的股票市场存在诸多问题，如上市公司没有真正建立规范的法人治理结构、证券价格形成机制影响资本市场的有效运行、信息披露中违规行为频生、市场退出机制缺乏规范性、资本市场结构不尽合理、资本市场监管机制存在缺陷等，都是掣肘资本市场有效运行与成长的主要因素。因此，针对这些问题相机治理，可以提高我国资本市场运行的有效性。

（1）完善上市公司治理结构。

完善上市公司治理结构是一项复杂的社会系统工程，需要在各方面做出努力。在制度安排和宏观措施方面，需要对股权进行合理安排，实现股权的多元化。在建立上市公司内部结构方面，要加强对董事会和经理层的监督约束和激励，强调公司治理结构中监督与效率的均衡，保障股东自由选举董事的权利，积极推选独立董事制度，建立董事任职资格标准；强化监事会的监督职能，建立市场化的高级人员选聘机制，培育经理人才市场；建立科学合理的激励机制，采用股权与年薪相结合的董事、经理报酬模式等。

（2）健全信息披露制度。

公开信息披露制度是建立有效资本市场的基础。近年来，管理

层在建立和完善信息披露制度方面做了很多工作，形成了一整套较为完善的信息披露制度规则，今后要加强对信息披露的动态监管，在信息披露以后的一个有效期内监管部门应对上市公司所披露信息的有效性、真实性进行监管和跟踪调查，防止少数上市公司利用其掌握信息源的特殊条件操纵市场，误导投资者；考虑到利益驱动是造假者的根本动因，应加大对违规者的惩处力度与监管力度，并建立当事人监管责任追究制度，以强化监管者的事业心和责任感。

（3）完善证券发行制度，提高发行方式的市场化程度。

中国证券发行制度的改革方向应是从现行的核准制过渡到国外成熟资本市场的注册制（备案制）。注册制是国际上通行的证券发行制度，它强调中介机构的责任制，强调信息披露的公开性和真实性，可避免出现腐败现象和各种非生产性的谋利活动，以及由此所产生的人力、物力和财力的浪费，又可避免与此相联系的资源配置不当，促使资金配置到生产率最高的企业，并降低上市公司的经营风险和整个股票市场的系统性风险。在发行方式上应该实现多样化，现行发行方式应该至少扩大到投标建档和计算机拍卖方式，从长远看，可以考虑允许发行人和承销商在报经监管机构批准后自行决定将几种发行方式混合使用，以实现获得最好的发行价格的目的。

（4）推进"做市商"机制，促进证券市场的良性运行。

在资本市场中引进"做市商"机制是促进其良性运行的有效手段，其可以起到坐市、造市、监市三方面的作用，具有为市场提供流动性和增强市场稳定性的特点，既可满足公众投资者的投资需求，又可通过不断买卖为证券提供流动性，同时可以将市场风险分散在投资者与"做市商"这两种不同质的层次上，尤其可比较有效地削减非系统性风险，有效解决中小企业上市后因股票流动性不足而受到影响的问题，有利于交易效率的提高。

（5）培养机构投资者，优化投资者结构。

培养机构投资者、发展"战略投资者"，是优化资本市场结构的重要环节。从市场目前的实际情况考虑，可通过培育扩大开放式基金，扩大基金市场和基金品种，培育养老基金，为保险基金自由进入市场创造条件等方法，吸引更多的机构投资者和"战略投资者"进入资本市场，以改变资本市场结构失衡的状况，扩大资本市场规模，实现投资者结构的优化，有效地防止"从众行为"的发生，形成资本市场良好的投资氛围，增强资本市场运行的稳定性。

（6）特别地，要破除"股票出身"歧视。

目前，国家股、法人股、个人股、外资股内部及相互之间不能流通的现状是正式制度缺陷的直接后果。要在制度上着手，必须深入到股票性质差异性结构内部，破除这种人为的不符合市场本质的政策性规定。在资本市场上实行同股、同权、同利、同价、同交易和开放的政策，还原资本"流通性质"的标准化媒介功能。具体进程，可以参考如下步骤：

首先，实现 A 股与 B 股的并轨，消除人民币普通股与特种股的差别，形成既可用本币结算，又可用外币结算的国际化股票。实现 A 股与 B 股并轨，有利于吸引国际资本进入中国资本市场，改善市场的结构，增加资本来源，促进上市公司转换机制，也有利于中国投资者参与国际资本市场，提高投资收益率。

其次，对国内资本市场引入"人民币标准股票"的概念。对在国内已上市公司的国家股、法人股允许在资本市场上流通，逐步过渡到人民币标准股票。人民币标准股票不同于人民币普通股票，它不受任何经济成分的限制，任何法人、自然人和国有资产控股公司均可持有，从而解决了国家股、法人股、个人股之间的流通问题。

最后，应当全面开放资本市场，允许各种经济成分的法人、自然人进入资本市场，并在资本市场上发行和流通的证券品种对境内外开放。这种开放性的政策并不意味着国有经济的主导地位下降、国有资产流失，更不意味着外资控制中国资本市场。因为资本是资产的货币表现，国有资本通过流通由资产形态变为货币形态，并未影响国有经济在整个国民经济中的比重。不仅如此，还增强了国有资产的流动性，为国有资产的保值、增值创造了条件。外资进入中国资本市场和中资进入国际资本市场，都应符合中国政府和企业的利益。只要法律上按国际通行规则防范风险，防止垄断和不公平竞争，外资进入中国资本市场就不可怕，而且通过资本输入可以引进先进的管理经验和技术。

二、债券市场：实现市场扩容的新突破

我国资本市场中存在多层面的结构失衡，尤其是企业债券市场

的发展严重滞后，已成为整个资本市场充分发挥作用的掣肘因素。所以，应改变日前国内企业债券二级市场交易品种少、规模小、交易不活跃的现状。大力发展企业债券市场，是调整资本市场结构，推动我国资本市场健康发展，降低我国金融体系风险的必然选择。同时，随着我国市场化进程的不断深入，企业财务管理手段的不断健全，作为企业直接融资方式之一的债券融资理应受到企业的重视。当前的市场环境已经越来越有利于企业债券市场的发展，推进企业债券市场发展的各项条件已经成熟，发展企业债券市场的时机已经到来。我们要立足当前，积极采取措施推进企业债券的发行与上市，以扭转资本市场结构性失衡的局面，形成资本市场自身的均衡发展与企业的良性互动，调整银行资产负债结构，满足城乡居民的投资需要。

要以业绩优、信誉好的上市公司作为企业债券市场的试点。尽管企业债券的发行面临有利的发展机遇，但这并不意味着所有的企业都具有相同的机会，企业债券的扩容应该从业绩优、信誉好的上市公司开始。因为业绩优、信誉好的上市公司的资产收益率较高，这些上市公司发行债券有利于公司价值的提高和股东权益的最大化；同时，业绩优、信誉好的上市公司的盈利能力较强，资产负债率较低，投资者承担的信用风险较小，有利于企业信用的建立。债券市场的发展可能会促进业绩优、信誉好的上市公司更快地成长，同时这些公司实现健康成长，转变经营观念，切实从股东利益最大化的角度，充分利用企业债券所具有的优势，实现筹资的多元化，也将有利于培育我国的债券市场。

要积极发挥中介机构的作用，强化社会监督。企业债券一、二级市场的完善和发展都需要健全规范的中介机构。近几年，经过有关部门积极推进，中介机构在企业债券市场的作用日趋明显。但总体上看，中介机构对企业债券市场的作用还没有充分发挥出来。因此，根据企业债券市场实际情况，加大发展以信用评级机构为核心、会计师事务所和律师事务所为两翼的中介机构，进一步加强中介机构的作用。

要扩大企业债券市场的机构投资群体。从国外公司债券市场的发展经验来看，扩大债券市场的机构投资者是活跃债券市场的重要手段。在目前市场情况下，为提高二级市场流通性，政府主管部门应有计划、有步骤地引进企业债券市场机构投资者，包括保险公司、基金管理公司、财务公司、城乡信用社、证券公司和其他社会法人等以扩大企业债券的投资群体。可以考虑设立企业债券市场基金，专门支持企业债券市场的发展，为企业债券市场引入更多的资金。

三、投资基金市场：完善市场的进入与退出机制

投资基金是一种直接融资和间接融资相结合的金融创新形式。它通过发行基金券，募集社会闲散资金，把投资者的不等额出资汇集成一定规模的信托资产，并交由专门的投资机构进行管理操作，把资金直接投向特定产业的未上市企业，通过资本经营和提供增值服务对受资企业加以培育和辅导，使之相对成熟和强壮，以实现资产的保值、增值，投资收益按投资者的出资比例共享，投资风险由投资者共担。它对于支持基础产业和支柱产业的发展，促进投资体制的改革和资本市场的发育，加快现代企业制度建立的步伐，改善投资环境都具有很重要的作用。

（1）应贯彻产业政策，注重投资项目的选择，切实把好产业投资基金审批关。

如前所述，产业投资基金可以发挥作用的范围很广，凡是符合产业结构调整趋势并且有较好回报的产业，都可以运用产业投资基金这种新型金融工具进行运作。产业投资基金作为一种商业性投融资主体，其市场化运作原则与发挥产业投资基金的政府主导作用并不矛盾，因此政府不宜干预基金的运作。但是，由于产业投资基金主要是对实业项目做长期投资，投资项目的选择便成为基金运作是否成功的关键。为了切实落实产业结构调整，也为了保障投资者的利益，政府主管部门在审批或参与审批产业投资基金的过程中必须根据产业结构调整的基本要求，通过基金设立审批和基金的基本投资限制来发挥必要的导向作用。

（2）产业投资基金发展予以适当的税收倾斜政策。

投资者投资于基金，最终能否取得令人满意的回报，除了基金本身的成功运作外，在很大程度上要受政府相关的税收政策制约。产业投资基金在中国是新生事物，理应得到税收政策的适当倾斜。①建议对持有基金份额达到一定期限以上的投资者免征所得税和交易税，从而降低基金投资者的有关成本费用，提高投资基金的效益。②应解决好产业投资基金运作中的重复征税问题。如果对

基金管理公司和投资者分别征收收益所得税，且在税率上没有任何减免，必然会形成重复征税，这将会给投资者带来较大的额外负担，对于本来就承担着一定风险的投资者来说是不公平的。因此，应在所得税中引入避免对股利双重征税的机制。

（3）产业投资基金提供有效的退出机制。

产业投资基金最终是要通过投资变现来获得资本利得的，一旦投资的企业成功或成熟，投资者就必须及时把它转让，从中退出。有效的退出机制是产业投资基金健康发展的关键，是产业投资体系的核心。常用的退出渠道主要有企业购并、股权回购、股票上市等形式，而目前资本市场发育还很不成熟，直接上市受上市发行额度、发行条件的严格限制，买壳上市或借壳上市又受到投资银行的种种约束，创业板市场和场外交易市场还未完全建立，产业投资基金的退出渠道十分狭窄。因此，要加紧完善资本市场，积极创造条件，建立畅通的资产变现通道。

第五节 我国资本市场的监管

一、完善资本市场法律法规

完善的法规体系是资本市场监管机制市场化的基础。中国资本市场监管制度供给的不足主要在于法制建设相对滞后，虽然近些年来我国资本市场的法规建设明显加快，并取得了显著成效，但还是远远跟不上资本市场的发展。加快资本市场法规、制度建设已迫在眉睫。资本市场监管机制市场化要求监管制度的持续创新和完善，应抓紧研究制订配套法规，特别是已颁布法律的相应实施细则，完善市场监管制度尤其是信息披露制度，并根据加入WTO后中国资本市场国际化的需要相应完善资本市场的法律和规则。

目前，我国资本市场监管法律体系可分为三个层次：一是全国人民代表大会通过的法律，如《中国人民银行法》、《商业银行法》、《证券法》、《公司法》等。二是国务院颁布的有关行政法规，如《外资金融机构管理条例》、《外汇管理条例》等。三是财政部、人民银行、证监会、保监会等制订的具体的管理办法和规定，如《金融保险企业财务制度》、《贷款通则》、《商业银行授信暂行管理办法》、《证券投资基金管理暂行办法》等。尽管我国资本市场监管法规体系的框架已初步建立，但整个法规体系还很不完善，不能满足资本市场发展和国际化的需要。尽管有关的《银行法》、《公司法》和《证券法》已经颁布实施，但规范资本市场运作的一些基础性法律仍然是缺位的，如《证券交易法》、《信托法》等。

完善资本市场监管的法律应着力于以下几个方面：一是规范资本市场的基础性法律没有到位的，应抓紧制订、尽快出台。二是在资本市场建设中要做到科学规划、系统配套。各项法规之间要统一、衔接，不能互相抵触，过去颁布的一些行政性规定和地方性法规与新颁布的法律不一致的，要尽快修改，新颁布的法律要与已颁布的法律如《公司法》、《证券法》相互配套，完善相关法律的实施细则，使其具有可操作性。三是根据 WTO 的有关协议，完善现有的法律法则，逐步与国际惯例和国际规则接轨。四是已制订的法律要严格执法，做到有法必依、执法必严、违法必究。要加强法治监管力度，一旦发现违法、违规行为和活动，必须严肃处理，监管部门更要带头执法，对那些置国家法律于不顾，从事严重违法活动，甚至是执法犯法者，应给予严厉打击，绝不姑息，尽快实现我国证券市场的法制化和规范化。

资本市场价格对信息的反应程度是资本市场效率的重要标志，信息披露制度是资本市场效率的制度基础，完善而有效的资本市场信息披露制度可以在一定程度上避免信息欺诈和内幕交易行为，保证资本市场效率。因此，信息披露制度是资本市场监管的核心。它贯穿于证券的发行、上市和交易的全过程。我国资本市场信息披露制度也作为资本市场监管制度建设的重点受到监管部门的高度重视，1993 年 4 月 22 日国务院颁布《股票发行与交易管理暂行条例》、证监会于 1993 年 6 月 3 日颁布了《公开发行股票公司信息披露的内容与格式准则》、1993 年 6 月 12 日发布了《公开发行股票公司信息披露实施细则》（试行）。此后，证监会又陆续发布了第一号《招股说明书的内容与格式（试行）》、第二号《年度报告的内容与格式（试行）》、第三号《中期报告的内容与格式（试行）》、第四号《配股说明书的内容与格式（试行）》、第五号（公司股份变动报告的内容与格式（试行））、第六号《法律意见书和法律工作报告的内容与格式（试行）》等一系列法规文件，初步构建了信息披露的制度体系框架。但信息披露制度仍有不完善之处，如法规之间仍有不协调，法规在明确性和可操作性上也存在一定缺陷，尤其是信息披露主体法律意识淡薄，监管机构执法不严的情况普遍存在，以至于经常出现违反规定，不能做到信息披露的及时性、有效性和全面性，甚至有掩盖实情、弄虚作假、虚报瞒报等。全力营造公开、公平、公正的市场环境，必须建立并严格执行强制性的信息披露制度。

信息披露制度建设一方面要完善法规，堵塞漏洞，加强其明确性和可操作性，只有这样才能使信息披露当事人有据可依，并强化对其行为的约束；另一方面要加强对上市公司信息披露的监管，做到有法必依，执法必严。1997 年 3 月 14 日，八届全国人大五次会议修订的《刑法》规定证券内幕交易、操作市场、编造和传播虚假信息，向外输送和私自转移资金，运用关联交易损害中小股东的利益，以及从事内幕交易、操纵市场、造市做市等违法违规活动的责任人，必须依法惩处。只有严格执行，才能提高上市公司信息披露的法律意识，保证信息披露制度的强制贯彻执行，并有效避免虚假信息的披露。

三、加强行业的自律管理

无论是成熟市场还是新兴市场，资本市场中的政府监管都是重要的。但是，行业自律是对资本市场进行管理的第一步。即使是集中型管理体制或者自律型管理体制，行业自律和政府监管也都同时存在。行业自律与政府监管的相互协调与配合是完善证券监管的内在要求。一方面，政府监管较强的国家逐步引入了自律监管的机制，单纯地依赖政府监管已不能最大程度地提高证券市场的运行效率。从政府监管的角度看，监管行动必须付出一定的成本，政府监管的范围可能不会面面俱到。此外，监管者对市场的了解可能不及市场的直接参与者，因而往往无法在事前对可能的危机进行必要的处理而只是进行事后的处罚。另一方面，自律监管占主导地位的国家也正在加强政府监管。从自律的角度看，对追求自身利益最大化的自律者而言，如果没有政府监管以及相应的法律制裁的存在，市场无法保证自律者不出现逆向选择和道德风险。因此，面对变幻莫测的资本市场，以法律为基础的政府监管与以自律为基础的行业管理的相互补充与协调，必然成为未来监管模式的主流。

目前，我国资本市场尚处于新兴市场阶段。在过去的监管历程中，过分强调了政府监管的作用，而对行业协会的自律管理重视不够。有人认为，由于新兴的证券市场的问题较多而应该偏重于政府监管。实际上，如果对新兴市场出现的问题加以分析，不难发现这些问题大多恰恰是由于自律不够而造成的。从政府监管的角度看，作为一种强制性的行为，必须有一定的法律法规作为监管的依据，但新兴的资本市场发展速度很快，法律法规的制定往往跟不上市场的步伐，从而导致监管体系不可避免地出现漏洞。另外，新兴市场的主要特征是金融工具和金融制度的创新速度较快，这就使以法律为主导的监管体制不能满足各种创新的要求，从而制约了新兴市场的快速发展。由于行业内会员一直处于市场发展的前沿，最熟悉市场发展的趋势，最了解行业发展的动态，行业的自律性管理在一定程度上就可以避免这些问题的发生。随着新的发展阶段的来临应适当放松政府的监管，切实加强自律组织在监管中的作用，两者相互协调与配合，共同促进资本市场稳定有序发展。这既是新时期资本市场发展的内在要求，也是我国市场监管与国际接轨的必由之路。首先，强化资本市场从业人员自律。资本市场从业人员必须讲求职业道德，能够自我约束，自觉遵守有关法律法规。其次，强化证券经营机构自律。证券经营机构应通过健全内部管理制度和监督机制，防止本机构的职员或公司本身出现违法行为。最后，强化证券业协会自律。证券业协会应制订自律规则或自律公约来约束和监督会员的行为，防范或惩罚会员的违规行为。一旦资本市场机构自律失效，行业协会能够预先防范或及时制止机构违规，从而弥补机构自律的实效。

三、强化市场参与主体的内部监督

首先，完善中介机构的内部控制制度。在每一个资本市场，中介机构都起着中心的作用，交易通过中介机构完成，资本通过中介机构筹集，因此中介机构成了资本市场的守门员。每一个市场都把确保市场合法守规的责任赋予中介机构。监管思路应从事后处理为主向事前防范为主转变，而要处理好前端的预防工作，还需要发展中介机构来做市场的第一看门人。没有好的中介机构，就没有好的监管者。目前，中介机构的规范任务很重，如频频发生证券公司因挪用客户保证金、违法违规经营而导致破产清算的现象。这一方面说明对于中介机构的监管力度加大了，但也暴露出中介机构自身内抓不严的制度弊病。在治理整顿中介机构的同时，要大力支持中介机构的发展，由具有良好的职业操守和业务规范的中介机构来引导投资者和公司合法地参与市场活动。

其次，要规范公司治理结构。保证好公司进入市场只是一个开端。公司进入市场后，必须以所有者即股东的利益为中心，对市场负责。因此，规范公司治理结构对资本市场的发展非常重要。规范的公司治理意味着公司所有者即股东可以随时动用有效的手段要求他们所投资的公司提供合理的投资回报。这就要求管理层和董事会在制定任何经营决策时，都必须在平衡风险和回报的条件下从公司的最大利益出发。要求董事和管理人员必须将公司利益置于其个人利益之上。为保证股东监察自己的投资，必须定期向其提供关于公司现状和未来的完整、公正的信息。目前，一些上市公司的董事长权力过大，公司的董事会常常有"一言堂"的出现。这说明公司治理结构的完善仅仅从形式上是难以改变国有企业长期形成的痼疾，还需要从文化建设方面使投资者真正行使自己的权利。针对目前公司治理的现状，仍需要在外部董事作用发挥、监事会作用的强化和规范其运作等方面做大量的工作。随着非公开发行公司逐渐纳入监管体系，非上市公司治理准则的制定是一个必须做而且将要做的制度设计。

四、发挥外部监督机制的作用

一个有效的监管体系，还需要外部监督机制发挥作用。首先，加强对投资者的教育。资本市场是风险和收益并存的市场。后股权分置时代从多渠道、多方位、多层次对投资者进行教育，树立科学投资理念，提高认识水平，形成真正成熟的投资者队伍。其次，加强新闻舆论的监督，通过新闻媒体让社会公众了解、参与和积极支持对资本市场的外部监管。我国资本市场建立时间较短，过去对投资者教育重视不够，导致我国投资者不成熟。这一方面体现在投资者投机心理强，另一方面体现在其对资本市场相关的法律法规不熟悉，从而维护自身权利意识不强，不利于发挥全社会的舆论监督作用。再次，可以考虑由监管部门向人大、政协、民主党派等职能部门和社会各界聘请资本市场监察员，加强社会各界对资本市场的监督，资本市场的有效监管需要社会各阶层的关心。最后，加强会计师事务所、律师事务所、资产评估机构、信用评级机构等社会中介机构对资本市场的监督，促进资本市场规范运作，强化其责任与约束。

应在统一监管理念和架构下，根据未来各层次资本市场的不同特点，逐渐建成一个职责分工明确、运作相对独立、反应及时有力、协调配合顺畅的市场监管体系。这个监管体系是包括政府部门监管、行业组织自律、市场参与主体内部监督和外部监督约束的多层次监管体系。这样，从制度上保证资本市场的高效运作和稳定发展，对于资本市场乃至国民经济发展都至关重要。

参考文献

[1] Fama. "Efficient Capital Markets: A Review of Theory and Empirical Work", Journal of Finance, 1970 (25), 283 - 417.

[2] Goldsmith R. Financial Structure and Development, Yale University Press, 1969.

[3] Taylor. Modeling Financial Time Series. New York: John Wiley And Sons, 1986.

[4] Booth, L., Aivazian, V., Demirguc - Kunt, A., and Maksimovic, V. "Capital Structures in Developing Countries", Journal of Finance, 2001, 56 (1), 87 - 130.

[5] Keister, L. A. "Capital Structure in Transition: The Transformation of Financial Strategies in China's Emergng Economy", Organization Science, 2004, 15 (2), 145 - 158.

[6] Eldomiaty, T. I. "Determinants of Corporate Capital Structure: Evidence From an Emerging Economy", International Journal of Commerce & Management, 2007, 17 (1/2), 25 - 43.

[7] Mckinon R.. Money and Capital in Economic Development, Brooking Institution, 1973.

[8] King and Levine. Financial Intermediation and Economic Development in Capital Market and Financial Intermediation, Cambridge University Press, 1992.

[9] [美] 道格拉斯·诺斯. 制度、制度变迁与经济绩效. 上海: 上海三联书店, 1994.

[10] 查尔斯·亚当斯. 国际资本市场发展、前景和主要政策问题. 北京: 中国金融出版社, 1999.

[11] 曹凤歧. 中国资本市场发展战略. 北京: 北京大学出版社, 2003.

[12] 廖进球. 公共经济行为的失效与防范. 当代财经，2003（12）.

[13] 徐洪才. 中国多层次资本市场体系与监管研究. 北京：经济管理出版社，2009.

[14] 陈元等. 我国资本市场发展研究. 北京：研究出版社，2008.

[15] 徐静. 中国金融结构变迁的动态性研究. 北京：中国金融出版社，2010.

[16] 银国宏. 中国资本市场与产业绩效关系研究. 北京：经济管理出版社，2005.

[17] 刘华. 公债的经济效应研究. 北京：中国社会科学出版社，2004.

[18] 周泉恭. 投资基金组织治理研究. 北京：中国金融出版社，2008.

[19] 王宏伟. 资本效率与经济增长. 北京：经济科学出版社，2004.

[20] 李学峰. 资本市场有效需求与经济增长. 北京：人民出版社，2005.

[21] 卢俊. 资本结构理论研究译文集. 上海：上海三联书店，上海人民出版社，2003.

[22] 王新宇. 金融市场风险的测度方法与实证研究. 北京：经济管理出版社，2008.

[23] 卢建新. 内部资本市场配置效率研究. 北京：北京大学出版社，2008.

[24] 黄泰岩，杨万东. 国外经济热点前沿. 北京：经济科学出版社，2006.

[25] 邵燕. 虚拟经济与中国资本市场的发展. 北京：中国市场出版社，2006.

[26] 范德胜. 经济转轨时期的中国金融发展和经济增长. 北京：中国金融出版社.

[27] 曾康霖，黄平. 中东欧转轨经济国家股票市场制度研究. 北京：中国金融出版社，2006.

[28] 孔淑红. 中国资本市场效率与监管研究. 北京：清华大学出版社，2006.

［29］杨飞虎．证券投资基金业绩评价研究．北京：中国财政经济出版社，2008.

［30］邵国华．金融系统协调论．北京：中国财政经济出版社，2007.

［31］范学俊．金融发展与经济增长．上海：上海世纪出版集团，2008.

［32］张红伟．羊群行为，股价波动与投资收益——基于中国证券投资基金的实证研究．经济理论与经济管理，2007（10）.

［33］董志勇．基于 GCAPM 的羊群行为检验方法及中国股市中的实证研究．金融研究，2007（5）.

［34］胡援成．企业资本结构与效益及效率关系的实证研究．管理世界，2002（10）.

［35］陈富良．政府规制中的多重委托代理与道德风险．财贸经济，2004，（12）.

［36］焦方义．论我国资本市场的结构与效率．经济学动态，2003（1）.

［37］周钟山．我国资本市场结构优化研究．当代经济，2009（10）.

［38］曹红辉．中国资本市场效率研究．北京：经济科学出版社，2002.

［39］韩志国．中国资本市场的制度缺陷．北京：经济科学出版社，2001.

［40］徐益华，杨晓明．中国证券市场效率的实证研究．财经问题研究，2002（1）.

［41］赵北亭，于鸿君．我国资本市场与经济增长关系的实证分析．北京大学学报，2001（5）.

［42］赵振全，蒋瑛琨等．我国证券市场结构分析及优化　数量经济技术经济研究，2001（6）.

［43］王国刚．建立和完善多层次资本市场体系．经济理论与经济管理，2004（3）.

［44］刘鸿儒．积极构建多层次资本市场体系．证券时报，2003 - 10 - 13.

［45］何德旭．论中国资本市场的结构优化方向．金融与经济，1999（7）.

［46］丁宏术．中国证券市场功能、主体行为与制度研究．北京：经济科学出版社，2008．

［47］宋浩．论中国资本市场的发展．山东工程学院学报，2000（2）

［48］严碧容．论我国资本市场的有效性．武汉理工大学学报，2004（05）

［49］董秀良，薛丰慧．我国 IPO 定价制度改革效果的实证分析．长春工业大学学报（社会科学版），2008（3）．

［50］许敏，郑垂勇．江苏省上市公司资本配置效率及其影响因素的实证研究．财会月刊，2009（18）．

［51］王一鸣，李剑峰．我国债券市场收益率曲线影响因素的实证分析．金融研究，2005（1）．

［52］刘赣州．资本市场与资本配置效率：基于中国的实证分析．当代经济研究，2003（11）．

［53］刘义圣．中国资本市场的多功能定位与发展方略．福建师范大学学位论文，2005．

［54］曹海珍．中国债券市场发展的理论与实践．北京：中国金融出版社，2006．

［55］范学俊．金融发展与经济增长．上海：上海世纪出版集团，2008．

［56］韩廷春．金融发展与经济增长．北京：清华大学出版社，2002．

［57］王先锋．中国股票市场发展与经济增长关系的实证分析．苏州大学学位论文，2005．

［58］史代敏，吴阳，张永任．中国股票市场资本配置效率评价——基于产业资本形成角度的实证分析．石家庄经济学院学报，2006（2）．

［59］张魁伟，许可．湖北省行业资本配置效率实证研究．经济经纬，2006（6）．

［60］王宏伟．资本效率与经济增长．北京：经济科学出版社，2004．

［61］中国证券监督管理委员会．中国资本市场发展报告．中国金融出版社，2008．

［62］高坚．中国债券资本市场．北京：经济科学出版

社，2009.

[63] 吴阳．股票市场资本配置效率研究．西南财经大学学位论文，2006.

[64] 汪璐．中国资本市场效率分析．江西财经大学学位论文，2006.

[65] 赵晓雷．中国资本市场实证分析．财经研究，1998（10）.

[66] 邢乐成，宋琳．论我国资本市场功能缺陷的深层次原因——基于资本成本的分析．财贸经济，2003（12）.

[67] 沈彤．试论我国证券市场的功能及其宏观定位．当代经济研究，1998（3）.

[68] 周文，李友爱．收益率相关性，小公司效应与市场有效性——对沪、深股票市场的实证检验．当代经济科学，1999（1）.

[69] 邓召明，范伟．我国证券市场融资效率实证研究．国际金融研究，2001（10）.

[70] 胡炳志，王兵．中国资本市场的效率分析．管理世界，2002（9）.

[71] 裴平，张谊浩．中国股票投资者认知偏差的实证检验．管理世界，2004（12）.

[72] 卢建新．内部资本市场配置效率研究．北京：北京大学出版社，2008.

[73] 邵瑞萍．随机漫步，效率市场与证券市场分析．安徽大学学报，2002（6）.

[74] 史代敏，杜丹青．沪深股票市场弱有效性对比研究．财经科学，1997（6）.

[75] 王志强，段谕．股票价格与货币需求关系的实证分析．东北财经大学学报，2000（2）.

[76] 苏冬蔚．基于中国股市微观结构的流动性与执行成本分析．当代财经，2004（2）.

[77] 江晓东，杨灿．股票收益率波动的实证研究．东南学术，2002（2）.

[78] 陈维云，黄曼慧，吴永．深市波动率特征分析．重庆大学学报，2005（1）.

[79] 戴晓凤，杨军，张清海．中国股票市场的弱势有效性检

验：基于单位根方法．系统工程，2005（11）．

［80］刘煜辉，熊鹏．资产流动性，投资者情绪与中国封闭式基金之谜.管理世界，2004.

［81］赵秀娟，汪寿阳．中国证券投资基金评价研究．北京：科学出版社，2007.

［82］佘坚，陈晓红．股本规模，波动性和小盘股效应——来自沪深股市的实证研究．系统工程，2005（11）．

［83］袁源．中国证券市场波动性的实证分析．系统工程，2008（06）．

［84］宋逢明，江婕．中国股票市场波动性特性的实证研究．金融研究，2003（4）．

［85］张志文．金融发展与经济增长关系的国际经验研究.北京：中国金融出版社，2008.

［86］廖敏辉．我国股市波动非对称性研究．邵阳学院学报（社会科学版），2007（3）．

［87］陈睿．A股市场股本规模和波动性实证研究．现代商贸工业，2007（10）．

［88］禹敏．股票市场收益分布，波动特征与风险度量研究．湖南大学学位论文，2007.

［89］仲阳．基于ARCH族模型的上证综指日收益率波动特征研究．南京理工大学学位论文，2004.

［90］周海燕．我国股价指数波动及其宏观影响因素分析．重庆大学学位论文，2005.

［91］陈小悦，孙爱军．CAPM在中国股市的有效性检验．北京大学学报（哲学社会科学版），2000（4）．

［92］董合平，韩泽县．中国证券市场股指收益率分布及非线性检验的实证研究．北京理工大学学报（社会科学版），2005（5）．

［93］李金林，金钰琦．中国股票A股市场随机游走模型的检验．北京工商大学学报（自然科学版），2002（4）．

［94］贾芳琳．我国股价波动的原因分析．商业研究，2003（13）．

［95］陈玲．我国证券市场引入QFII制度的风险防范分析.商业研究，2005（2）．

[96] 马骥, 郭睿. 中国股票市场波动性的实证分析. 哈尔滨工业大学学报, 2004 (6).

[97] 孟建国. 资本市场有效理论的嬗变及对我国证券市场的借鉴. 商业研究, 2002 (15).

[98] 赵春光, 袁君丽. 股价与成交量关系的实证研究——来自深圳证券市场的实证证据. 财经科学, 2001 (6).

[99] 沈波涛, 林静. 我国股票市场弱 "晴雨表" 功效的解释: IS – LM 模型分析. 财经理论与实践, 2001 (S1).

[100] 龙小波, 吴敏文. 证券市场有效性理论与中国证券市场有效性实证研究. 金融研究, 1999 (3).

[101] 邓子来, 胡健. 市场有效理论及我国股票市场有效性的实证检验. 金融论坛, 2001 (10).

[102] 吴世农. 我国证券市场效率的分析. 经济研究, 1996 (4).

[103] 陈泉, 叶兴国. 有效资本市场理论的实证检验. 黑龙江财专学报, 2001 (5).

[104] 徐加根, 黄才伟. 对我国证券市场有效性的检验. 财经科学, 2000 (4).

[105] 徐琼, 蒋振声. 股票价格与货币需求关系的实证分析. 商业研究, 2003 (12).

[106] 张维. 资本市场, 融资结构与经济增长. 开发研究, 2004 (6).

[107] 郑长德, 马俊. 中国证券市场与经济增长: 基于季度时间序列数据的统计分析. 西南民族大学学报 (自然科学版), 2006.

[108] 张煜. 我国资本市场与经济增长关系的实证分析. 兰州学刊, 2005 (4).

[109] 王军, 谢瑞. 资本市场促进经济增长的消费需求机制分析. 金融教学与研究, 2001 (5).

[110] 胡宗义, 宁光荣. 资本市场对我国经济增长贡献的研究. 湖南大学学报 (社会科学版), 2004 (2).

[111] 郑海燕. 中国资本市场的规模与结构对经济增长的作用的理论与实证研究. 南京师范大学学位论文, 2005.

[112] 王铁铭. 中国资本市场宏观效应研究. 吉林大学学位

论文，2007.

[113] 张军．资本形成、投资效率与中国经济增长——实证研究．清华大学出版社，2005.

[114] 谭永全．论我国国债市场的发展．扬州大学学报，2007（7）.

[115] 李红权，马超群．中国证券投资基金绩效评价的理论与实证研究．经济研究，2004（7）.

[116] 王聪．证券投资基金绩效评估模型分析．经济研究，2001（9）.

[117] 吴金旺．我国证券投资基金绩效评价与实证研究．西南财经大学学位论文，2006.

[118] 刘霞．证券投资基金绩效评价方法及实证分析．商业研究，2004（5）.

[119] 陈鹏．基于 V aR 的我国证券投资基金绩效评价方法．价值工程，2006（6）.

[120] 刘义圣．我国资本市场发展的系统方略探研．东南学术，2003（12）.

[121] 刘义圣．我国资本市场的运行问题与相机治理．经济问题，2002（12）.

[122] 陈燕．美国、日本资本市场功能分析．亚太经济，2005（11）.

[123] 马慧敏．我国资本市场结构优化研究综述．经济论坛，2006（6）.

[124] 刘占涛，张金泉．中国证券市场低效率的原因及对策研究．兰州大学学报，1999（1）.

[125] 白钦先，徐沛．当代金融理论中的股票市场：功能与作用条件的再认识．金融研究，2003（3）.

后　　记

　　本书是在我的博士后出站报告的基础上修改而成的。本书的出版得到了江西财经大学经济学院学科建设基金的资助，在此表示衷心的感谢！

　　在本书即将出版之际，本人将博士后出站报告中的《致谢》转摘于此作为本书的后记。

　　几年博士后的研究历程让我真正体味到了"学海无涯、高处不胜寒"的寓意！在博士后出站报告成稿之时，心里百感交集，其中最为深刻的感受是谢意和歉意！

　　作为一个农民的儿子，虽经自身努力于20世纪80年代中期进入了当时可以为之自豪的高等学校学习，然而由于当时高校经济学专业资源的有限性，本人服从组织安排就学于自己并非热衷的工科专业。4年大学毕业后，为了生活，本人在国内各地各类企业工作长达10年之久。少年的幻想、青年的理想、而立之年的思想、30年萦绕难去的夙愿——希望能学习经财济困的经济学，再加上顺应时代的需求，20世纪90年代后期本人决定放弃在上市公司工作的比较优越的环境，毅然投入了攻读经济学专业硕士研究生的新生涯。

　　3年经济学专业硕士研究生的学习让我受益匪浅，但仍倍感自己经济学知识的贫乏，由此本人继续选择了经济学专业博士研究生的求学旅程。又3年不算短暂的时光却依然让我感觉岁月匆匆——相对本人期望要获得的经济学知识。至此，本人在感激我的硕士生导师爱新觉罗·恒顺副教授和博士生导师张红伟教授、李天德教授对我培育的同时，我也倍感失落——不再具有前述二者一样让我汲取经济学知识的系统学习机会。

　　正在我为此郁闷彷徨之时，满腹经纶而又为人师表的廖进球教授接纳了我跟随他做应用经济学博士后研究。本书从选题、结构安排、分析方法到成稿都是在廖教授悉心指导下进行的，凝结了廖教授大量的心血和智慧。同时，此相关选题也被国家社会科学基金委员会成功立项为 2010 年国家社会科学基金研究项目。在此，我对廖教授真诚地说一声：谢谢您！同时，也对廖教授道一声：对不起！——您为我付出心血的结果来得太迟。

我深知这份报告能以专著出版是众多同仁和亲人帮助和支持的结果。在此，我想借此机会对曾经帮助我的中国社会科学院邱本教授、江西财经大学的王乔教授、卢福财教授、杨慧教授、陈富良教授、胡宇辰教授、严武教授、胡援成教授、吕江林教授、王耀德教授、廖卫东教授、熊俊教授、杨飞虎教授、刘剑玲女士、高海明研究生等表示真挚的感谢！

我还要衷心感谢我那年迈、开明的慈母对我求学的鼓励和支持，您的淳朴与宽容将是我人生旅途上永远的动力！

最后，我要感谢我的妻子黄映琼副教授和女儿邵黄熠婷对我的关心、帮助和支持！你们是我赖以远航的风帆！

鉴于资本市场是一个复杂而又富有创新性的市场，再加上本人水平有限，本书一定存在诸多不足之处，在此敬请各位专家和学术同仁等批评指正！

邵国华

2011 年 2 月 18 日于南昌